Pivotes:
agentes de cambio para emprender

Mariely Rivera Hernández

Prólogo de Javier J.
Hernández Acosta
Ph.D., MBA

D
⊙

Publicado por Deletrea
www.deletrea.net

Título original: *Pivotes: agentes de cambio para emprender*
Derechos reservados © 2021 Mariely Rivera Hernández

ChangeMaker
Foundation

ISBN: 978-1-7351219-2-5
Dirección editorial: Casandra Badillo-Figueroa
Coordinación de diseño y producción: Mónica Candelas
Diseño de interiores: Mara Robledo
Diseño de cubierta: Pako Flores
Fotografía de la autora: Benny Batista
Fotografías p. 110: Archivo del Departamento de Defensa
de los Estados Unidos

Publicado en los Estados Unidos de América

A partir de un emotivo testimonio personal en el que refleja su compromiso genuino con las causas sociales, Mariely Rivera Hernández nos muestra la evolución de su vida a raíz de su autodescubrimiento como pivote social. La autora presenta una guía vital para quienes asumen el rol de ser agentes de cambio a través de las organizaciones sin fines de lucro, una labor cada vez más necesaria para potenciar el desarrollo de un país. El libro profundiza sobre los diversos roles en la estructura de esas entidades y documenta las principales tragedias que ha enfrentado Puerto Rico para, a través de la evaluación de las respuestas de rescate, presentar estrategias que fomenten procesos de administración y ejecución responsables y transparentes. Emprender desde el caos puede ser intimidante, pero también puede generar grandes satisfacciones cuando la finalidad es ayudar a trasformar y salvar vidas. **Pivotes: agentes de cambio para emprender** constituye una valiosa aportación al desarrollo de la labor social en Puerto Rico y el mundo.

Periodista y productora de Más con Isamari Castrodad

*A Marcos Elí, mi hijo, porque
a través de sus ojos veo
el legado del emprendimiento y
la sensibilidad hacia la verdad.*

Pivot-ES

Agradecimientos

Escribir es como lanzarte al vacío con un paracaídas, que confías se abrirá. Al principio, el impulso provoca velocidad, luego disfrutas el susto de la altura y al final desciendes para aterrizar. Tus seres queridos cruzan los dedos para que no te estrelles y puedas manejar la adrenalina. Hablando de la velocidad, ya imaginarán cómo corre la mente de esta autora y vivir con ella es una inmersión en su creatividad y perseverancia. Es por ello que agradezco de todo corazón a mi esposo Ernesto Villarini-Baquero, por todo su amor desprendido y paciencia infinita con mis aventuras. A mi hijo amado Marcos Elí, quien ha resultado ser mi principal inspiración. Su voluntad y tenacidad hacen de él una versión mejorada de mi liderazgo y me irradia luz con su energía.

A mi familia, Cucha (mami), Faro (papi), mis hermanas Marianela y Marissa, mis primos Robert y Lizzie quienes caminan en el devenir de mi actual vida y que siempre reconocieron que mi pasión eran las causas sociales, la escritura creativa y el amor por la comunidad. A mi familia extendida que son los que incluí en mi recorrido con nuevos hijos prestados, Seba y Caro, y a mis amigas y amigos del alma que son aquellos que, aunque pasa el tiempo, siempre estamos conectados: Brenda, Carmen Enid, Marice, Yania, Mara, Delva, Yvette, Natalie, Rocío, Grenda, Isamari, Ana Iris, Belkis, Gisela, Astrid, Ailine, Yolanda, Rosana, por mencionar algunas, incluyendo mi grupo de *Fitgirls*. Cada uno y una sabe cuánto les quiero.

Agradezco a cada una de las personas que han confiado en mí cuando les he llamado para comenzar una iniciativa laboral y siempre han asumido el reto con valentía y seriedad; Inés, Zilda, Puchi, Paloma, Nicole, Migna y Vilma. Son un grupo de aliadas con quienes he cultivado trabajos profesionales desde hace más de una década, pero sobre todo una amistad inquebrantable. Mis colegas adoptados, Manolo y Nayda; todos fueron los protagonistas del reto laboral ante la emergencia del ciclón.

Aprovecho para agradecer infinitamente a muchos maestros y maestras que con sus diferentes perspectivas han aportado a mi crecimiento y, sobre todo, a mantener la fortaleza cuando los tiempos se han puesto huracanados: Arturo (QPD), Sandra, Alinaluz, Nelson, Hermana Elena, Ángel Israel, Raúl, Padre José, Hermana Madeline, Delia, Nilda, Carolina, Cuca, Dahlia, Chiqui, María Teresa, Josean, Lenis, Flordeliz, Lizzette, Gloria y la lista es más amplia. Quiero mencionar a un maestro muy significativo, Carmelo Sobrino, con quien he aprendido a trazar la línea viajera, la red, a trabajar con mi inconsciente y activar mis neuronas a través de la expresión creativa con la acuarela. "La mente es un algoritmo, es una red que se fusiona a través del cerebro" (Sobrino, 12 de octubre de 2019).

Tomar la clase de arte con Carmelo me ayudó a eliminar un bloqueo mental y espiritual de mi creatividad. Esto posibilitó que hiciera introspección a través del garabato y volvieran las letras y las palabras a aflorar para terminar este proyecto.

Hay otros colegas que se han unido a mi camino profesional y de quienes he aprendido a desarrollar destrezas de líder con visión social y también otros, con perspectiva empresarial: Antonia, Javier, Tito, Nilda, Aurelio, María Eugenia, Ginoris, Lourdes, Don Rafa, Ángeles, María Fernanda, Mariely, Cristóbal, Liliana, Elizabeth, Nerma, Mohit, Janet, Christa, Linda, Anita, María "Baby" y nuevamente mi esposo Ernesto, de quien he aprendido muchos asuntos de empresarismo y emprendimiento. También agradecida al grupo maravilla de la *Fundación Robert Wood Johnson* a quien pertenezco como becada bajo el programa *Culture of Health Leaders-Cohort 4*. Han reconocido toda mi trayectoria, me han abierto una puerta única para desarrollarme aún más como líder y llevar mi proyecto a otro nivel. Mi editora, Casandra Badillo-Figueroa, y su equipo de trabajo en *Deletrea* no se quedan fuera de esta ecuación de agradecimiento. Un grupo talentoso y creativo que le dio vida gráfica y editorial a este proyecto.

El trabajo no termina aquí, apenas comienza. Pivotes es la fibra de un proyecto ya iniciado como *podcast*, conocido como Pivot-ES. A través de este *podcast*, ganador de la categoría Sin Fines de Lucro del Latin Podcast Award 2020, dialogamos con líderes experimentados de organizaciones sin fines de lucro y empresas sociales sobre temas de innovación y soluciones para el desarrollo sostenible. He aquí el legado de los quijotes que pivotean día a día para que emerja una vida de bienestar socialmente responsable.

Prólogo

Ya ha pasado casi una década desde que contacté a Mariely por correo electrónico a partir de una columna que llevaba por título "Educados para el mundo". El énfasis en lograr una mirada que trascendiera nuestro entorno inmediato, así como la importancia de la identidad y la diversidad cultural fueron un punto inmediato de contacto. Ahora que lo pienso, ese mismo ejercicio de conexión me ha ocurrido en otras ocasiones con un pequeño grupo de colegas que compartimos un compromiso inmenso por la transformación económica, social, política y cultural de nuestro país. Mariely conoce muy bien ese ecosistema y se ha preocupado de estudiar su perfil, desarrollarlo y contextualizar todo el conocimiento adquirido para llevarlo hasta todas las manos que hoy sostienen este libro.

Este texto tiene ese elemento que todos apreciamos en este tipo de lectura: la tranquilidad de que la autora habla desde la experiencia adquirida a partir de una acumulación de transiciones y retos que solo disfrutan quienes tienen una mentalidad emprendedora. La autora ha dedicado gran parte de su vida a navegar por distintos escenarios de la educación. Después de todo, si se quiere generar impacto, hay que ir a la raíz del problema. No cabe duda de que esa experiencia ha sido clave para lograr un producto de valor añadido para todos esos profesionales que han decidido no aceptar las cosas como son y apostar a que todo podría ser de otra manera.

El concepto de pivote es un gran acierto. Me gusta mucho la idea de que vayamos apropiándonos del lenguaje a nuestro gusto, creando nuevos conceptos para definir cosas o acciones para los cuales muchas palabras se han quedado cortas o están trilladas. Para mí, el concepto ha estado presente desde mi niñez gracias al baloncesto. Por un lado, como esa figura central que tiene un posicionamiento clave, tanto en la acción ofensiva como en la defensiva. Pero también está la actuación del pivote, que requiere mantener un pie firme mientras gira con el otro para conseguir una mejor posición de tiro. Ambas son metáforas perfectas para lo que propone este texto.

A partir de 2006, con el comienzo de la recesión, Puerto Rico no ha parado de experimentar situaciones complejas que ponen a prueba nuestra capacidad de innovación y emprendimiento. La crisis económica, social y política, la reducción poblacional, los huracanes, los terremotos y la pandemia han acelerado el desarrollo de un nuevo perfil profesional: innovador, perseverante, estratégico, colaborador y responsable. Esos son los pivotes, los que hoy asumirán la inmensa tarea de transformar las condiciones que provocaron su desarrollo.

De igual forma, la autora pone énfasis en un campo de acción muy estratégico: las organizaciones sin fines de lucro. Se trata del tercer sector que día a día amplía su rol protagónico en nuestro país por mérito propio. Poco a poco las organizaciones sin fines de lucro han ido llenando los grandes vacíos que ha dejado una administración pública ineficiente. El ecosistema se ha hecho responsable de contribuir a cada uno de los pilares del desarrollo sostenible, con un gran énfasis en la equidad, la diversidad, la democracia y la justicia social. Ahora nos toca asegurar que esas organizaciones tengan un liderato preparado para continuar gestionando el cambio a través de la innovación y el emprendimiento.

Por otro lado, es importante regresar a esa mirada global que siempre tiene muy presente la autora. Estos agentes de cambio tienen un alcance global. El surgimiento de los Objetivos de Desarrollo Sostenible (ODS) de las Naciones Unidas nos ha presentado una meta y una responsabilidad común si queremos que nuestros descendientes tengan el planeta que se merecen a partir de 2030. Esos 17 objetivos nos permiten hacer causa común, independientemente de si nuestro campo de acción es la equidad de género, el cambio climático, la pobreza, la educación, la reducción de las desigualdades o la paz, entre muchos otros.

Este texto presenta una estupenda hoja de ruta para esos líderes. No solo para quienes hoy en día ya asumen esos roles, sino para los jóvenes universitarios que desde muy temprano han identificado que quieren ser parte de esos agentes de cambio. Y ese perfil requiere una combinación de muchos elementos: deben desarrollar un profundo peritaje en las áreas de interés, una mentalidad emprendedora que identifique la oportunidad, un entendimiento del ecosistema filantrópico que apoyará su gestión, una gerencia cautelosa y transparente, un gran sentido de solidaridad y colaboración, y un profundo amor por el país. Pero ese cambio hacia la transformación casi nunca ocurre en línea recta y conlleva otras coordenadas.

Siempre he pensado que una responsabilidad clave de los líderes es cerrar el ciclo de gestión convirtiendo esas experiencias en recursos educativos para futuros líderes. Esa apertura y democratización es vital para lograr un efecto multiplicador en el impacto económico, social, cultural y ambiental. Agradezco a Mariely por asumir ese reto como un proyecto de vida. Ahora nos toca a todos los demás seguir creando las condiciones para que esos agentes de cambio, experimentados y emergentes, tengan el apoyo y las herramientas que necesitan para seguir construyendo un futuro sostenible.

Javier J. Hernández Acosta, Ph.D., MBA
Director del Departamento de Administración
de Empresas de la Universidad del Sagrado
Corazón y fundador de Inversión Cultural

I

Introducción

Reinventarse no es tarea fácil, sobre todo cuando implica salir del área de confort de recibir una paga fija. Cuando comencé a explorar cómo darle un giro a mi vida y hacer lo que me aportaba felicidad, no imaginaba la gran ruptura que se avecinaba, tanto para mi país como para mí. Los desastres naturales vinieron a sacudirnos. Cuando a un país le pasa lo que ha sufrido Puerto Rico en menos de dos años y medio, todo se transforma.

Nada me ha tocado más de cerca que la devastación de mi país por el impacto del huracán María en septiembre de 2017 y el terremoto y sus réplicas a comienzos de enero de 2020. Luego, la primavera trajo consigo la más devastadora pandemia de principios del siglo XXI, el coronavirus. Debido a su impacto mundial transformó a todas las sociedades. Puerto Rico no fue la excepción. Así que una vez más, fuimos golpeados por la imprudencia humana que trastocó la salud global y pública, llevándose consigo miles de vidas.

A lo largo de mi carrera, me he dedicado a facilitar ayuda a otras personas y entidades. Mi rol ha sido hacer quedar bien a otros y solucionar asuntos ajenos. Mi dedicación al ecosistema de las organizaciones sin fines de lucro me esculpió desde hace dos décadas para responder y resolver problemas, desarrollar personal y supervisar, identificar fuentes de fondos, manejar donativos, entablar relaciones con donantes y estar lista para rendir cuentas a juntas de directores, donantes, equipos de trabajo y poblaciones servidas. Sin saberlo, me estaba preparando para enfrentar los cambios abruptos que trajo consigo la mayor crisis humanitaria que hayamos vivido en Puerto Rico.

Una crisis que desató la secuela de otras crisis como la que estamos viviendo mientras escribo: la pandemia del coronavirus. Quiero pensar que ya pasamos la mayor crisis humanitaria en Puerto Rico, a pesar de que aún nos toca lidiar con las consecuencias, y no que la pandemia nos devuelva al sufrimiento de 2017. Realmente, lo que hace es revertirnos al abismo del agotamiento mental y social porque la muerte nos toca a la puerta de nuevo y con ella las pérdidas humanas de una sociedad ya de por sí envejecida.

En medio de mi respuesta a la crisis del huracán, pensaba en la capacidad de facilitar y responder ágilmente a los cambios. Fue así como llegué a los conceptos de pivote y pívot; piezas y roles que facilitan. El pivote es una pieza que ayuda a otra a girar con facilidad y el pívot, un jugador que facilita anotar puntos. Por ejemplo, en el baloncesto el pívot es el jugador que se mueve más cerca del canasto y asume la responsabilidad de capturar los rebotes o anotar puntos.

Tras reconocer que he sido, y seré, un agente de cambio que ha necesitado adaptarse a movimientos erráticos, he comprendido que soy un pivote social porque mi misión es apoyar, facilitar una estrategia y ponerla en acción para lograr unos resultados.

Pivote es una persona como tú y como yo, que decide abrirse a ideas diferentes y fuera de lo común, sobre cómo resolver un problema social. Formada a partir de experiencias con la educación informal y formal que activa el ecosistema a favor de causas sociales que apalancan el consenso y promueven el respeto cuando hay disenso.

Un pivote es una persona comprometida con su entorno, que colabora y se involucra en provocar cambios favorables para transformar situaciones y encauzarlas hacia el bien común. La buena noticia es que todo esto se aprende. Este libro te ayudará a conocer más sobre cómo ser un pivote y cómo puedes sumarte a la comunidad de agentes de cambio. La importancia de ser un pivote radica en que puedes mitigar los problemas porque te convoca a asumir una postura para colaborar e integrarte a una plataforma más amplia de cambio. Si una de tres personas aprende a ser pivote, se resolvería una cuarta parte de los problemas sociales.

Pivot-ES

Innovadora

Creativa   *Colaboradora*

Perseverante y constante en su creencia en el bien social

A nivel colectivo, convertirse en pivotes requiere de personas creativas, dispuestas a ejecutar de manera diferente y aportar con sus virtudes. Los problemas de Puerto Rico son varios, están cimentados en cambios demográficos y la pobreza y marginación, que contrasta con la modernidad de otros asuntos que tenemos. Las decisiones políticas que se han perpetuado nos han llevado a la casi imposibilidad de replantearnos quiénes somos como país. Eso incluye la necesidad de transparencia en la gobernanza y el uso de fondos públicos, locales y federales, que hoy tristemente se estilan sin planificación y eslabonamiento de procesos, para al final tener desenlaces desafortunados.

Este libro es mi afirmación de que se aprende a ser pivote, tanto a nivel individual como organizativo. Para propósitos de este libro, me enfocaré en las organizaciones sin fines de lucro con el fin de afianzar la premisa de que pueden pivotar. Mi intención es democratizar la información para ayudar a desarrollar más pivotes en nuestro país. No se va a la universidad a aprender a ser pivote, se aprende con la experiencia puesta en acción. Sus ocho capítulos te llevarán a entender lo que es un pivote. Si aprendes a serlo, serás parte de una disrupción que incidirá en la filantropía y en los comportamientos generacionales.

1 En *Los planes de la vida pivotean inadvertidamente* revelo la urgencia de asumir la independencia laboral, esa interesante inquietud de hacer las cosas de un modo diferente, aunque no más fáciles. Porque emprender es difícil, conlleva muchos desvelos y requiere de fuerza mental para que no se te quiten las ganas de ser libre.

2 En *Liderato en el ojo del huracán* describo mi transformación como líder a raíz del paso del huracán María en 2017 y mi experiencia con el cliente Juntos y Unidos por Puerto Rico (JUPPR). También, el despertar a una nueva conciencia colectiva y el llamado a estar preparados para enfrentar las crisis en la opinión pública. Incluyendo el terremoto y sus réplicas luego de que los Reyes Magos se fueran el 7 de enero de 2020.

3 En *Los desastres naturales transforman la vida en un segundo* planteo el descubrimiento a una nueva realidad: el desastre del huracán María. La devastación trajo consigo un torbellino de vivencias y lecciones inolvidables. Este capítulo pone de relieve muchas pruebas. Pensaba que después de 20 años de trabajo lo había aprendido todo, pero no fue hasta lo que ocurrió después del ciclón, que recibí la clase magistral sobre las venas abiertas de la política, la comunicación y el pivoteo ante el sufrimiento humano.

4 En *Pivotes: jugadores clave del ecosistema filantrópico* presento el contexto donde se gestan los proyectos para el bien común apoyados por la filantropía. Repaso algunos aspectos de las dos áreas reconocidas dentro del devenir filantrópico y argumentamos que existe una tercera área de acción. Este capítulo nos ayudará a establecer conexiones filantrópicas entre las etapas de caridad, beneficencia y disrupción. Mientras más pivotes emerjan, más ágilmente transformaremos la filantropía hacia una disruptiva.

5 En *Pivotes: semillero de agentes de cambio* propongo un perfil de la creación de un pivote como agente de cambio e ilustra varios estudios de caso de líderes y organizaciones que ejemplifican y definen modelos de trabajo innovadores, donde su activo principal son los pivotes. Proveerá información práctica sobre una muestra de pivotes como resultado de ser un agente cambio.

6 En *Impulsando la creatividad: cómo lo hacemos* propongo una alternativa de trabajo que requiere asumir el rol de un diseñador que mantiene el enfoque en las personas. Para propósitos de este libro, deseo sugerirles a los líderes y equipos de trabajo en las organizaciones sin fines de lucro centrar sus trabajos en sus beneficiados. El diseño basado en pensamiento o *Design Thinking* es una alternativa aplicable a la formación de líderes que trabajan dentro de una organización sin fines de lucro para incidir en la formación de pivotes. Este capítulo ofrece además una opción de aprendizaje metodológico que es de utilidad para el trabajo estratégico de las organizaciones sin fines de lucro.

7 En *Disrupción para lograr donantes pivotes* presento la mirada del donante y plantea recomendaciones a la comunidad de donantes de cómo identificar proyectos prometedores para que sus donaciones se conviertan en una verdadera inversión social. Se recomiendan maneras efectivas para monitorear el compromiso con el fin de que puedan tener como alternativa invertir en filantropía disruptiva. En cualquiera de las tres etapas de filantropía: de caridad, de beneficencia o disruptiva, el riesgo es una constante.

8 En *Posicionando organizaciones pivotes* analizo los esfuerzos de cómo posicionar a las organizaciones para lograr adquirir fondos de fuentes diversas como fundaciones privadas, comunitarias o presentarle a nuevos prospectos corporativos e individuos. Este último capítulo busca

fortalecer el discurso de una tercera etapa filantrópica donde la innovación social dicte la pauta de la filantropía disruptiva.

El preámbulo de ser pivote de proyectos y programas desde las entidades sin fines de lucro, requiere un entendimiento de lo que se quiere lograr y quién es el beneficiado. Eso constituye pivotar en el ejercicio de misión y visión. El mismo debe estar apalancado en otra manera de buscar resultados. Eso implica un cambio conceptual y de mentalidad en torno a la respuesta de las siguientes preguntas:

¿Por qué? ¿Para qué? ¿Cómo? ¿Cuándo?
¿Con quiénes vamos a desarrollar
el sistema de trabajo?

Además, requiere un cambio de cultura organizacional que plantee priorizar en identificar los mejores recursos que puedan trabajar en diseño, ejecución y, al unísono, evaluación de los procesos. Se precisa también un cambio radical en los ambientes físicos de trabajo que promueva cultivar los diálogos, los espacios sensibles para que aflore la creatividad, impulsar discusiones de ideas, integración de las relaciones interpersonales y la colaboración. En fin, todo esto crea el ecosistema para que los pivotes emerjan.

En mi línea del tiempo he tenido que adaptarme a muchos cambios y circunstancias para generar cambio social. Poco a poco, he ido desarrollando mis gustos y tendencias para trabajar con personas afines y de esa forma, verdaderamente he llegado a puntos de inflexión para lograr las transformaciones sociales genuinas.

1

Los planes de la vida pivotean inadvertidamente

He sido un pivote sin saber que lo era, un agente de cambio. Involucrada desde corta edad con causas sociales, haciendo preguntas sin cesar para entender y buscar soluciones. La reseña que escribieron mis compañeros de cuarto año de escuela superior, me definía como una joven centrada en el bien común. En ese momento, no me reconocía como pivote y mucho menos me identificaba con el concepto de agente de cambio en la filantropía, porque pensaba que era algo exclusivo de quienes tenían bonanza económica, que eso les permitía ayudar a otros.

Pero mi compromiso con las organizaciones sin fines de lucro llegó cuando me convertí en Directora Ejecutiva de la Fundación Chana y Samuel Levis que buscaba, entre otros objetivos, transformar la educación de niños y jóvenes para reducir el número de personas sin hogar. El trabajo me requería proveer el análisis para darle enfoque y priorizar las iniciativas con un equipo de trabajo que tenía las manos llenas de muchos temas a la vez. El equipo no tenía claro si era más importante afianzar el trabajo educativo en las escuelas o trabajar con organizaciones que proveían servicios a las personas sin hogar. La realidad presupuestaria era que había dinero federal ya ganado competitivamente para elaborar un proyecto de priorización en datos que ilustrara una radiografía de las personas sin hogar, para luego poder canalizar fondos a través de entidades dedicadas al servicio directo de esa población. Sin embargo, la necesidad del problema social me retaba a inclinar la balanza de las prioridades hacia los temas de la educación escolar para desarrollar una combinación de manejo de factores de protección que evitara que más seres humanos terminaran viviendo en las calles y se convirtieran en personas sin hogar.

Esa experiencia me llevó a colaborar con el sector educativo y comunitario, tras la cual pasé a formar parte de una segunda organización donde pude ampliar mis conocimientos en abogacía y posteriormente pasar a posiciones ejecutivas en educación superior.

Son experiencias que te marcan en esta aventura de laborar en el sector sin fines de lucro. Creo que no hay mayor experiencia que ser una profesional que trabaja desde las bases, *grassroots*, haciendo proyectos en la calle y buscando el dinero para financiarlos, hasta estar del otro lado, cuando recibes el dinero y tienes que saber cómo lo vas a distribuir siendo efectivo con el monitoreo y la rendición de cuentas.

En retrospectiva, me percato de que siempre he actuado en momentos críticos. Soy sobreviviente del huracán Hugo que devastó parte de Puerto Rico en 1988. Ya estaba en la universidad y recuerdo que ese evento me motivó a seguirle la pista con rigor a las ejecutorias de las organizaciones sin fines de lucro que han sido pilares para el cambio y el renacer de ciudades devastadas.

Todo esto me inspiró a estudiar Relaciones Internacionales y Ciencia Política con el fin de servir al bienestar social internacional. Esta decisión de carrera constituyó hacer las paces conmigo misma, ya que mi gran desvelo era el periodismo. Perseveré hasta obtener becas que me apoyaran con mis estudios fuera de Puerto Rico. Gracias a ese respaldo y el de muchas personas que confiaron en mí, estuve expuesta a experiencias educativas inolvidables en Estados Unidos y en España. Tuve que dejar otras cosas atrás, como el novio de la universidad a quien adoraba.

Ha pasado el tiempo, me he casado dos veces y tengo un hijo extraordinario. Miro hacia atrás y creo que he sido pivote de relaciones, trabajos y retos que enfrentar.

He realizado muchos viajes con la sed de conocer otras culturas, estilos de vida, organizaciones sin fines de lucro y proyectos innovadores. Siempre me he planteado qué puedo aprender de las conexiones que logro y qué transformaciones siento. Pero nada ha transformado más mi manera de concebir el liderazgo durante la crisis que escribir este libro. La resiliencia pasó de ser actriz secundaria a protagonista, ya que los líderes vivieron una prueba muy difícil y lograron fortalecer su capacidad de adaptación.

Todo comenzó meses antes de septiembre de 2017, cuando el huracán María vino a recordarnos que no éramos infalibles. Había decidido dar un salto cuántico, con un hijo maravilloso próximo a entrar a la universidad y una familia agrandada luego de casarme hacía unos años por segunda vez.

No quería estar atrapada en la mentalidad de asegurar una pensión laborando durante tres décadas en el mismo lugar. Así que le di vida a una idea que fue ponchada desde el primer día cuando planteaba desarrollar un proyecto de escritura, integrando otros elementos como el arte y los caligramas. No llegó ni a primera base. Posteriormente, guardé silencio y a pesar de seguir asalariada para cumplir con mis responsabilidades y función como proveedora, cultivé una segunda idea, la cual titulé "Estudio Libre *ChangeMaker Consultants*".

Me planteaba inaugurar una firma de consultoría y una fundación. Tendría mi propia empresa, para contratar a través de ella, generar empleos y liderar un equipo de avatares. Esto mientras estudiaba para obtener una certificación como consultora en *Design Thinking*. En la primavera de 2017 fundé una firma de consultoría privada, *ChangeMaker Consultants*, decidida a formar mi proyecto empresarial con la idea de incorporar una entidad sin fines de lucro, que nació posteriormente en 2018 bajo el nombre de *ChangeMaker Foundation*. Como si fuera poco, había comenzado a esbozar una estructura de libro con Anita Paniagua, mujer virtuosa, con el fin de publicarlo en el próximo año.

Sin embargo, a partir del huracán María, en Puerto Rico enfrentamos una secuela de eventos espinosos y desafiantes. Para que no olvidáramos las vicisitudes, recibimos el año 2020 con varios terremotos y réplicas, y pandemia. Así que este proyecto tuvo que esperar y madurar a un nivel de razón más profunda, pues lo concebía como un proyecto para trabajar con el sector educativo y el pivoteo de los eventos que transcurrieron en Puerto Rico me obligaron a repensarlo. Ya no solo sería una iniciativa para aportar en el sector educativo. Tenía que poder crear un servicio que incidiera en cambios en las estructuras organizacionales de entidades dedicadas a otras áreas de enfoque, como desarrollo comunitario, salud pública y ambiente. El desastre natural provocó que se cruzaran las fronteras de las áreas de enfoque, lo que llevaba a una mirada más holística, favorable para el bien común.

Ahora yo era otra persona con nuevas vivencias para adaptarme y girar con agilidad en unos momentos de cambio social abruptos para nuestro país. Tras esta experiencia, imagino los muchos pivotes que emergieron tras el impacto del huracán Katrina en el estado de Luisiana, Estados Unidos. También en Haití tras el paso del terremoto, en Indonesia luego del tsunami y más recientemente la devastación que dejó el huracán Dorian en las Bahamas. Otros desastres naturales, tales como fuegos forestales, han provocado el despertar de la conciencia colectiva en Australia y en Brasil.

El huracán marcó el antes y el después de mi vida profesional y personal. Nunca imaginé que lo que vendría después sacudiría nuestro país y me situaría en medio de un fuego cruzado sin precedentes que provocaría en mi psique el descubrimiento de sentimientos encontrados sobre si valía la pena o no seguir apostando a creer en las personas.

Liderato en el ojo del huracán

Ha sido una continua inquietud en mí buscar maneras de diseñar y generar emprendimientos sociales que provoquen nuevas formas de bienestar colectivo. Siempre han sido mis temas favoritos la salud pública, la educación y el desarrollo económico comunitario basado en el reconocimiento de los activos de la comunidad. Esa inquietud me ha llevado a descubrir muchos escenarios donde las personas, sin saberlo, han comenzado a emprender.

El paso del huracán afinó mi ojo. Tras terminar la certificación como consultora en *Design Thinking* y en medio de la crisis, sin energía eléctrica, servicio de agua y acceso a las comunicaciones, recibí una llamada que cambiaría mi vida profesional.

Acepté ser la líder ejecutiva de Juntos y Unidos por Puerto Rico (JUPPR), una organización privada sin fines de lucro bajo la sección 501(c)(3) para apoyar a organizaciones del tercer sector ante la catástrofe que el huracán María había dejado en mi país. Un ciclón de categoría 4 había impactado a todo Puerto Rico.

Fue un reto sin precedentes. El huracán fue un aviso de ruptura social de forma gráfica. Hizo develar una verdad sobre la urgencia de cambiar nuestro entorno en Puerto Rico hacia uno más seguro, próspero y ágil en soluciones. Lo ocurrido también provocó una ruptura dentro de mí. Comencé a pensar que tenía que girar con agilidad y poner en acción ser un agente de cambio para mi propia vida. En medio de esa transformación, asumí el reto de dirigir JUPPR porque tenía ante mí una desolación colectiva sumada a la desesperanza, una verdadera tragedia.

Estaba inmersa en la dirección de esa entidad privada como respuesta a la emergencia y lidiaba con la tormenta desatada en la opinión pública sobre el trabajo de JUPPR, donde se cuestionó la transparencia e integridad del trabajo. Lo más crítico de este cliente es que inicialmente había sido un movimiento que surgió desde el gobierno de Puerto Rico para ayudar a los damnificados en las hermanas islas caribeñas a causa del huracán Irma.

Sin embargo, el paso del huracán María por Puerto Rico cambió el curso de la historia. La catástrofe obligó a transformar una actividad de recaudación de fondos propuesta por la ex primera dama Beatriz Rosselló para apoyar a los damnificados en otras islas, en una organización sin fines de lucro incorporada como entidad privada y liderada por ciudadanos privados.

El gobierno de Puerto Rico estaba sumergido en la demanda de ayuda, rescate y alivio tras la catástrofe, por lo que había que tomar decisiones estratégicas y encauzar las ayudas monetarias que se solicitaban a través de un ente jurídico, en concreto, una entidad privada sin fines de lucro, incorporada bajo las leyes correspondientes. También, a raíz del junte de emergencia se convocaron a todos los sectores, dentro y fuera de Puerto Rico, a unirse a la cruzada de alivio, por lo que el gobierno, que es el órgano rector con más recursos en una jurisdicción, convocó a todos los líderes del sector privado, religioso y sin fines de lucro.

Por la naturaleza de la emergencia, el grupo privado al que se le encomendó crear la entidad, solicitó la exención contributiva 501(c)(3) y con ello se le dio forma y mayor carácter a esa entidad denominada JUPPR.

Cuando ocurre una emergencia de esta naturaleza, la dinámica de las ayudas se separan en donaciones de suministros y donaciones en metálico. En un acuerdo consignado por escrito, se estableció que el gobierno, representado por la oficina de la primera dama, estaría a cargo de la logística del centro de acopio, la descarga de vagones y entregas de suministros. Por su parte, JUPPR lideraría el recibo de donativos en metálico y ordenaría, bajo un riguroso proceso, la distribución del dinero bajo el modelo de trabajo con organizaciones sin fines de lucro.

La controversia se inició desde las entrañas de un centro de acopio que se destinó por orden ejecutiva del exgobernador, Ricardo Rosselló. Sobre la marcha de esas primeras semanas se organizaron entregas de suministros a través de vagones y quedaron muchas preguntas sin responder. Nunca se logró evidenciar la procedencia ni el destino de los suministros. Tampoco supimos qué criterios se establecieron para ejecutar las entregas durante esas primeras seis semanas posteriores a la emergencia.

La entidad había estado bajo mira por la vinculación de su origen con el escenario político del momento: la administración del gobernador Ricardo Rosselló y la figura de la ex primera dama Beatriz Rosselló. Vale la pena mencionar que esta controversia se dio también en Luisiana, Estados Unidos, con la figura de la ex primera dama y el gobernador de turno. También, con relación a entregas de suministros, la experiencia en Haití y en Indonesia estuvo salpicada y llena de controversias en torno a las razones o criterios de las entregas.

En Puerto Rico se desató un fuego cruzado entre los ciudadanos, políticos, entidades, donantes, redes sociales y la prensa. Y a eso se unió la vergonzosa revelación de un chat en el que participaba el gobernador Ricardo Rosselló junto con varios de sus colaboradores y todas las barbaridades que a partir de ahí se descubrieron en el verano de 2019. A veces recordar es sufrir, pero decir la verdad es vivir para transformar la vida. Y ese chat dejó al descubierto la dolorosa verdad del prejuicio, discriminación, desvergüenza social que produjeron todos los comentarios ofensivos y perversos que compartía el exgobernador con un equipo inmediato de trabajo y colaboradores cercanos. Esta situación provocó la salida del gobernador por mandato de la ciudadanía. Y nos trajo un nuevo escenario, crítico, con una gobernadora instalada por mandato constitucional. Comenzó un nuevo capítulo en el ruedo político de Puerto Rico.

Por supuesto, siempre salen agredidos sin misericordia los genuinos, quienes de verdad hicieron el trabajo y que no tuvieron nada que ver con esas desgracias que provocan los humanos a través de las creaciones malévolas de los sistemas y maquinarias políticas. Son sistemas que caducaron en cuanto a su relevancia con el bienestar de la gente, pero que siguen existiendo porque la misma gente los avala.

Un día tuve un momento de luz interna. Estaba cansada de tanta presión. Era como estar atrapada dentro de una puerta giratoria. Tuve que explicar repetidamente cómo y por qué se había constituido JUPPR; por qué la entidad privada lideraba un modelo de trabajo a través de las organizaciones sin fines de lucro, demostrando cada informe de cumplimiento de a quién, para qué y qué cantidad de dinero se otorgaba a las entidades y la evidencia del trabajo realizado por las mismas. Siempre tenía que estar lista para contestar, rendir cuentas y manejar con altura los dimes y diretes que se habían gestado en las redes sociales y la prensa. Llegó un momento en que recordé cuánto había anhelado en el pasado ser periodista, pero la historia que vivía me decepcionaba tanto que no quería leer los mensajes en redes sociales, la prensa, ni ver programas de comentaristas, ni escuchar radio. Mi familia estaba muy afectada, sabían que estaba recibiendo golpes ajenos, que sufría y que estaba viviendo una experiencia que no me merecía. Me sentía que giraba y giraba sin control.

Me senté a pensar en un objeto que giraba para buscar una manera de enfocarme en mí. Y así descubrí la pieza de pivote. Y me autodenominé pivote social.

Así que, como pivote, tenía que girar todos los días con una armadura para lidiar con la angustia, las luchas, las mentiras, la busconería y, sobre todo, lo más que me afectaba: la desgracia de la gente. Todos en Puerto Rico fuimos afectados; nos quedamos en la prángana. Unos más vulnerables que otros. No quería perder el norte frente a la desgracia, no quería convertirme en un ser que se aprovechaba de eso como ha pasado en momentos de desgracia en otros países. Se llenan de gente o entidades ambiguas que vienen a vivir de la desgracia ajena y cuando obtienen todo, se marchan.

Admito que me sentí internamente sola. Debía guardar mis energías para llevar hasta el final el proceso de otorgación de los fondos de JUPPR con un monitoreo riguroso y una recopilación de datos que fuera mi carta de rendición de cuentas. La otorgación de la mayoría de los donativos se hizo en menos de 10 meses para cumplir con la fase de alivio. El modelo recomendado, probado y que había estudiado sobre otros desastres naturales, era canalizar el dinero a través de organizaciones sin fines de lucro que a su vez tenían la capacidad de llegar a las poblaciones vulnerables. Esto se hacía a partir del diseño de una solicitud de propuesta competitiva y alineada con criterios que abordaran las fases de alivio y reconstrucción. El resto del tiempo, luego de los diez meses hasta que la entidad cerró operaciones, terminamos de otorgar donativos cumpliendo con actividades de la fase de reconstrucción y, por supuesto, seguimos monitoreando hasta la saciedad.

Hubo que vivir con el mal de la política partidista y las humillaciones que recibimos todos los que trabajamos con altura, respeto y transparencia en la entidad privada.

Todos los que estábamos laborando, colaborando y hasta los que estaban ayudando con donaciones, comenzamos a ser perseguidos, acusados sin fundamento y afectados por asuntos que no controlábamos, antes de que la entidad comenzara a ser regida con estrategia y rectitud. Cuando se desata una catástrofe, donde no hay un manual de instrucciones de cómo atenderla, tienes que lidiar con muchos frentes a la vez. Entre ellos, trabajar con colaboradores que tienen relaciones políticas e intereses económicos con el gobierno de turno. Por lo tanto, hay que saber con quién estás trabajando y llevar la acción de la ayuda hasta el punto más sensato. Luego aprendes a establecer los límites y comienzas a integrar otras colaboraciones que no estén contaminadas con esas agendas. Comienzas a enfocarte en las necesidades que quieres atender, en lograr resultados y en poner en acción la rendición de cuentas para la transparencia.

La historia de los vagones distribuidos sin tener la evidencia de qué, cómo, cuándo, para qué y a quién, nos salpicaba porque al centro de acopio se le bautizó con el nombre de "Unidos por Puerto Rico" y no había manera de que la prensa creyera que eran dos instancias diferentes de la iniciativa de respuesta a la emergencia del huracán.

Nadie creía que hacíamos un trabajo inigualable en Puerto Rico. Sinceramente, nunca en la historia de una entidad sin fines de lucro en este país, incluyendo fundaciones que son organizaciones sin fines de lucro igual, se había dado esta circunstancia tan particular de recaudar cerca de $38 millones de dólares en menos de seis meses y tener que hacer un desembolso sofisticado y bien pensado. El recaudo final fue de $42 millones, y se distribuyó todo hasta el último centavo. Lo evidencian las dos auditorías externas e independientes que se realizaron y que son documentos públicos.

En medio del caos y la desolación, me inspiraron los líderes genuinos, la gente que no necesariamente sale reseñada en la prensa o en los libros. Fueron muchos de esos líderes que conocí en este devenir de los desastres naturales lo que me puso a pensar en una perspectiva diferente de las organizaciones sin fines de lucro, vista desde el lente de los líderes: sus ideas, necesidades, frustraciones y visiones. La constante entre el grupo de líderes eran los cambios y las adaptaciones improvisadas que había que hacer y cómo se sentían solos en su esfuerzo de dar fuerza a otros.

Es un sentimiento que yo experimenté porque tienes que actuar rápido con mucha táctica, pero ejecutando con sensibilidad. Y ahí radica el sentimiento de soledad interna, ya que uno no se puede permitir develar la fragilidad que te causa ver a la gente sufrir.

¿Qué significa ser un agente de cambio pivote?

En medio de la crisis, tu rol como líder es actuar estratégicamente para minimizar el sufrimiento, la crisis inmediata y saber discernir entre la necesidad y el oportunismo. Así fue que descubrí que éramos pivotes sociales, porque un pivote es una pieza que sirve como eje para girar a altas velocidades. Es como en el deporte que todo es táctica y estrategia: eres un jugador estelar que tiene una función clave para lograr el objetivo final de anotar un gol, un canasto o un ponche, en este caso, lograr golear, encestar o anotar una solución.

De verdad lectores, aquí en Puerto Rico hay que ser un pivote porque de lo contrario, te tragan los problemas y te conviertes en parte de ellos en vez de ser parte de la solución. Es necesario poner a girar nuestra escala de prioridades con relación a los asuntos importantes tales como la crisis económica, seguridad, servicios de salud, transformación de la educación, políticas energéticas diferentes, oportunidades de empleo y de desarrollo de industrias locales emergentes. Es un paralelismo entre dar giros personales y girar en colectivo. Así las cosas, para emprender hay que girar y eso incluye cuando decides irte por tu cuenta como me pasó a mí y asumes con valentía ser un empresario o empresaria con un propósito social.

La inercia y la laxitud en la toma de decisiones es lo que detiene el giro, por lo que hay que aprender a ser un pivote. He descubierto que, primeramente, es una decisión personal y conlleva riesgo. Es necesario además taparte los oídos y evitar el ruido de los que pueden quitarte el impulso.

Este libro te estimulará a conocer algunas experiencias de pivotes, creadores y fundadores de iniciativas, así como de colaboradores y donantes.

Ahora hay que emprender con unos nuevos compañeros de viaje: los desastres naturales y las pandemias. Hay que aceptar que somos vulnerables ante el cambio climático, geomorfológico y de comportamiento humano, y que la nueva frecuencia e intensidad de huracanes, inundaciones, fuegos forestales, terremotos, tsunamis, entre otros, son nuestros nuevos derroteros. Esta nueva realidad nos obliga a adaptarnos a estos retos, a ser efectivos salvando nuestras vidas. También nos obliga a aprender a colaborar, porque la realidad es que nadie lo logra solo. Nos remite a aprender a ser agentes de cambio, pero como una pieza pivote que debe girar con agilidad y adaptarse a los giros.

Hoy en día, las aportaciones de los pivotes se traducen en:

- Iniciativas de individuos
- Proyectos de organizaciones sin fines de lucro
- Programas de responsabilidad social
- Cuestionamientos de las políticas públicas
- Contribuciones a la innovación de las ideas que redundan en apoyo socioeconómico
- Historias de superación durante y luego de los desastres naturales

Pivot-ES

Los desastres naturales transforman la vida en un segundo

Son las 4:23 a. m. del 7 de enero de 2020. Me sacude un movimiento telúrico y me saca de la cama. Descalza y aterrada, trato de prender la luz y no hay electricidad. Siento el mundo volverse a caer bajo mis pies como cuando el huracán María. La diferencia está en que uno se prepara para los huracanes y tienes una idea bastante clara de lo que ocurrirá, especialmente luego de vivir el impacto de este huracán catastrófico en 2017, pero nunca estás listo para un terremoto.

El corazón casi se paraliza cuando te despierta un remezón así de destemplado. Todas las tribulaciones vividas en 2017 salen de la tumba una a una: las memorias en el cerebro se activan. Recuerdo el periodo de ausencia de electricidad de casi un año en mi terruño, la lentitud en los procesos de rescate, la desesperanza, los llantos que quedaron grabados a través de las imágenes en vídeo y fotografías de la gente en áreas geográficas aisladas y la información que fue emergiendo de las muertes desafortunadas, entre muchos más recuerdos.

Como si nunca se hubieran ido esas memorias, llámale síndrome postraumático o trauma no superado, pero se le revuelca a uno la vida después de haber estado en la primera fila de apoyo durante las etapas de alivio y recuperación en Puerto Rico. Por eso regreso a contarte un poco más de lo que viví durante la emergencia. La respuesta a la catástrofe estuvo marcada por decisiones maniobradas para mantener una cultura de conexiones políticas: de colores de partidos, y otras para encauzar favores con el fin de proteger contratos e igualas. Cuando se desatan eventos de la magnitud de un desastre natural, se cuela mucha gente que quiere sacarle partido a la crisis y al caos para el beneficio propio.

Pero el caos era de tal magnitud que las comunicaciones se encargaron, a través de las redes sociales, prensa exterior y familias en la diáspora, de compartir los videos y fotos del rostro completamente lacerado de los puertorriqueños. Eso provocó una movilización de generosidad ante el llamado de auxilio. Naturalmente, a quien primero le toca hacerlo es al gobierno, quien es el ente que aglutina mayores recursos, y casi de forma simultánea a otros agentes dentro de la sociedad civil.

Recuerdo bien la noche que fortuitamente me contactaron por celular. El 23 de octubre de 2017 asumí el liderato de una entidad privada creada bajo la emergencia, conocida como Juntos y Unidos por Puerto Rico (JUPPR). Su concepción fue resultado del huracán Irma y comenzó como una iniciativa para recaudar suministros por el paso de este fenómeno sobre las hermanas islas menores y el suroeste de Puerto Rico. La convocatoria la hizo la ex primera dama del gobierno de turno, Beatriz Rosselló, logrando comprometer a ciudadanos en su carácter personal y a otros en su carácter de líderes de empresas privadas a unirse al esfuerzo de la iniciativa.

Dos semanas después, en un abrir y cerrar de ojos, Puerto Rico despertó devastado por el ciclón María y la iniciativa de JUPPR se transformó. Pasó a ser un movimiento para ayudar ante el embate del huracán María. Esta vez, los líderes del sector privado que estaban involucrados asumieron la responsabilidad de formalizar los procesos y crear una entidad privada ante la inminente llegada de donaciones monetarias privadas.

El gobierno no podía estar capitaneando esta organización privada porque jurídicamente la estructura de una entidad de esta envergadura tiene que regirse por los códigos de rentas internas que le permiten las deducciones federales bajo el código de rentas 501(c)(3). Esto significa que hay un requerimiento de ley y orden para que las juntas de directores estén representadas por ciudadanos privados con cero o mínima representación gubernamental. Y de existir esa representación mínima gubernamental, son considerados miembros exoficio. En otras palabras, que no emiten decisiones, ni votan en las determinaciones de ese cuerpo rector.

El liderato empresarial asumió el reto de llevar la encomienda. Así se obligaba al gobierno a concentrar sus esfuerzos en lo que les tocaba: energía eléctrica, agua potable, salud pública y los asuntos de reubicación de personas, vivienda segura, entre muchísimos otros. El liderato empresarial asumió las riendas de la organización sin fines de lucro logrando minimizar la participación del gobierno a partir de noviembre de 2017.

De aquí en adelante comienza la historia de los pivotes en tiempos de desastres naturales. Les decía antes que un pivote es una pieza que gira y se adapta. Pues ahí comencé a girar junto a un equipo de trabajo, miembros de junta de directores, políticos y ayudantes de todos los bandos que argumentaban e inventaban historias, o buscaban colarse para justificar de forma indebida e incorrecta el uso del dinero de una entidad privada. Imaginen el torbellino, me sentía como Dorothy dentro del tornado en la película *El Mago de Oz*.

Exactamente así, con todo tipo de personajes a tu alrededor que conoces y desconoces. Me percato de que nada es estático cuando la vida te sorprende con algo nuevo, pero también que todo es igual entre los humanos cuando no aprendemos de las lecciones pasadas.

La catástrofe nos tomó desprevenidos. Y había que tomar decisiones con agilidad. Así que activé mis dotes de pivote y armamos un equipo de trabajo interno de diez personas excepcionales que al final del camino son pivotes. Estos pivotes trabajaron horas interminables porque la emergencia casi nos requería 24 horas al día, 7 días a la semana en esa etapa inicial. La remuneración de estas personas no era proporcional al trabajo realizado. Cada minuto y hora eran claves para la responsabilidad que teníamos.

Cada minuto contaba. Mi número de celular personal se hizo público, por lo que comencé a recibir llamadas de todo tipo: desde llamadas de organizaciones, llamadas de personas que vivían fuera de Puerto Rico y querían ayudar, hasta de individuos en su calidad personal que necesitaban una planta eléctrica para un familiar con respirador. Las noticias llegaban por mensajes de texto y lograba ver algunas imágenes que difundían los medios de comunicación fuera de Puerto Rico, asunto que me destruía porque veía lo que estaba pasando a través de los ojos de un fotógrafo o camarógrafo internacional.

Me quedaba hasta tarde en un espacio en Santurce desde donde había comenzado a ejecutar los trabajos porque eran las horas donde no se interrumpía el Internet. Recuerdo un viernes, como a las 8:00 p. m., en que recibí una llamada desesperada de un líder comunitario del pueblo de Utuado, en el centro del país. Había ido hasta Mayagüez, un pueblo en la costa oeste, para lograr esta llamada porque no había señal en la montaña. Su llamada se convirtió en el grito de auxilio de centenares de familias. Esa urgencia de saber que estás entre la vida y la muerte de muchas personas te activa el instinto de rescate. Me fui para mi casa y con linterna en mano y sin descansar, tracé un plan inicial, lo discutí luego con el equipo inmediato de colaboradores y lo canalicé para que fuera activado inmediatamente.

Había que pensar en todo: frecuencia de reuniones estratégicas, recopilar datos, desarrollar un modelo de comunicación integrada, guías y materiales educativos, incluyendo un libreto para sostener reuniones presenciales con los líderes de las entidades sin fines de lucro con el objetivo de orientar sobre las solicitudes de fondos y lo que se esperaba en el diseño y redacción de las propuestas. A continuación se describe el detalle de lo que incluyeron las etapas de trabajo:

- *Reuniones semanales:* Comencé a estructurar reuniones semanales con la junta de directores. Para que tengan una idea, en una organización privada sin fines de lucro establecida, las reuniones se programan cada tres meses; y en una organización novel, cada uno o dos meses al año. Esa es la práctica en esta industria.

- *Sistema de recopilación de datos:* Para poder responder efectivamente a lo que estábamos haciendo estratégicamente, propuse desarrollar un sistema de recopilación de datos de todas las organizaciones con las que estábamos interactuando para recibir propuestas, así como con todos los entes privados (individuos, corporaciones, entidades) que estaban enviando donativos. Se seleccionó un equipo de trabajo con experiencia en las entidades sin fines de lucro y tuvo a cargo diseñar e implementar el modelo de trabajo. Hoy en día, gracias a ese diseño de trabajo estratégico, dos compañías privadas externas pudieron auditar responsablemente el proceso de otorgación de donativos. Esas auditorías son documentos públicos.

- *Modelo de comunicación:* Diseñamos un modelo de comunicación a través de las organizaciones sin fines de lucro en el área metropolitana. Esta es la región donde geográficamente hay mayor concentración de oficinas y operaciones principales. Comenzamos a expandir la comunicación de persona a persona (recordemos que las telecomunicaciones también habían colapsado). Con ello, cada líder y persona clave que lográbamos conectar tenían la encomienda de seguir compartiendo la información sobre la convocatoria de propuestas y fondos disponibles.

- *Desarrollo de guías:* Se crearon las guías e instrucciones con alineamiento a las áreas de enfoque de agua y alimentos, bienestar social, salud, vivienda y desarrollo económico que sirvieron para delinear un formato profesional y sensible a las áreas de necesidad del momento. Las guías de proceso y especificaciones se colocaron en la página web, por lo que eran accesibles, junto con otros documentos importantes de la organización, para escrutinio público.

- *Orientaciones presenciales:* Comenzamos a ofrecer las orientaciones presenciales que nos dieron mucha información importante para entender las situaciones de cada organización. Esta vez tuvimos que pivotar nuevamente porque descubrimos las áreas de fragilidad de las organizaciones en momentos donde necesitaban ayuda para conceptualizar la propuesta y armarla. Todos estábamos afectados y desesperados, por lo que era una oportunidad para pivotar y adaptarnos a las necesidades de las organizaciones solicitantes.

La asistencia ofrecida a las organizaciones fue otra oportunidad para pivotar porque estábamos acostumbrados a brindar asistencia técnica a las entidades y la situación constituyó girar nuevamente y convertirnos en arquitectos del proceso de diseño de la mayoría de las propuestas.

Por lo tanto, nuestro trabajo comenzó sentándonos con cada uno de los líderes y pensando juntos en qué necesitaban. Proponerles que incluyeran una reflexión sobre integrar acciones de mitigación y riesgos en sus tareas inmediatas para así apoyarles a que el donativo se utilizara de forma más estratégica y con un rendimiento mejor. Por ejemplo, si se trataba de una organización que tenía un hogar de vivienda permanente para personas con discapacidad, era importante incluir en su petición de fondos actividades de limpieza, desinfección y control de hongos para toda la estructura. Era necesario que las entidades incluyeran renglones en sus peticiones de fondos que contribuyeran a una inversión en la ayuda destinada a fortalecerlos por un tiempo prolongado y que no fuera exclusivamente para ayudar en la inmediatez.

Luego, pasamos por el proceso de recopilar datos importantes al unísono con las entidades. De esta forma, cuando el Comité de Propuestas hacía la selección, había suficiente información detallada sobre cada entidad solicitante. Eso también nos ayudó a analizar las solicitudes que no cumplían con los requisitos mínimos. Solo compitieron las organizaciones que cumplían con los requisitos de ser sin fines de lucro, estaban en acatamiento y presentaban una propuesta atinada a la necesidad de la emergencia para lograr impactar a las poblaciones vulnerables.

Logramos diseñar el proceso bajo los requerimientos para cumplir como organización; y los criterios se iban respetando a cabalidad. Esto a pesar de que tuvimos que manejar la fase de alivio durante seis meses y que la falta de energía eléctrica provocara que se alargara el periodo de crisis. Sin embargo, se avecinaba otra tormenta y nos arropó el ojo de otro huracán: quedar atrapados en el fuego cruzado de la política partidista.

Pivotar entre la política

Una guerra se desataba ante la opinión pública por varias razones que explicaré a continuación. Primero, la oficina de la ex primera dama comenzó a utilizar las redes sociales para comunicar logros sobre los esfuerzos de JUPPR. Este asunto quedaba fuera de mis manos porque yo controlaba lo que hacíamos internamente y con evidencia a la mano en todo momento. La entidad privada JUPPR presentó una estrategia de comunicaciones frugal y robusta que tenía la información actualizada semanalmente. Apoyados en instrumentos de comunicación diseñados y donados para uso de JUPPR, se tenía de forma pública una página en Internet, una página de Facebook, Instagram, videos de las entidades ofreciendo su rendición de cuentas, un boletín informativo mensual con historias de las organizaciones participantes y cómo el donativo estaba transformando sus encomiendas ante la emergencia. También se publicó un informe anual.

Una vez más, tuvimos que pivotar como equipo de trabajo y manejar las comunicaciones que resultaban a través de las redes sociales porque localmente se nos difamaba en las redes y se nos acusaba de no divulgar información sobre qué se hacía con el dinero recaudado, mientras que entre la diáspora que donaba dinero nuestros analíticos planteaban la buena acogida de la iniciativa y el buen uso de los fondos distribuidos.

Este asunto me recordó mi trabajo como voluntaria durante el paso del huracán Hugo. En aquella ocasión, la ex primera dama Lila Mayoral se involucró en la emergencia y estableció canalizar los fondos a individuos y a través de los municipios. Pero enfrentaron la terrible situación de no poder contabilizar la entrega del dinero a individuos. Esa situación fue un hecho y pienso que las personas desconocen lo difícil que es distribuir y otorgar donativos. La experiencia fue una lección aprendida de que no entregas dinero a los individuos si no tienes la capacidad luego de sostener una gerencia que lleve la rendición de cuentas minuciosa.

Sin embargo, volviendo a mi realidad con el huracán María, ante la opinión pública salíamos perdiendo igual. No bastó con explicar el modelo de trabajo y evidenciar cómo lo estábamos haciendo. La maraña con la oficina de la ex primera dama desvirtuó todo el proceso serio y transparente que se gestionó.

No tengo dudas de la buena intención de toda la gente que donó y de todos los grupos que voluntariamente se activaron para trabajar en la organización de suministros, pero siempre ocurre que hay intenciones para adelantar causas políticas. Así las cosas, aparecieron suministros pasquinados con la imagen de la primera dama y desaparecieron vagones completos. Eso desató una explosión nefasta de mala imagen y quien pagó los platos rotos fue la entidad privada JUPPR.

Es interesante destacar que la misma crisis se activaría, y peor, dos años y medio después del impacto del huracán María. Volvería a tocar las puertas de la indignación en Puerto Rico con motivo del terremoto del 7 de enero de 2020 y el almacén de los suministros sin entregar en el municipio de Ponce, en donde se guardaban productos donados desde el periodo de crisis del ciclón.

Pivotando con los medios de comunicación

Nuestro próximo ejercicio para pivotar, y el más crítico, fue responder en todo momento ante los medios de comunicación y dar la cara siempre. La emergencia desatada tras el impacto del huracán María obligó al gobierno a abrir un centro de acopio en el Coliseo José Miguel Agrelot en San Juan. El gobierno le otorgó a la oficina de la ex primera dama Beatriz Roselló la responsabilidad de administrar el centro de acopio. Los administradores de este centro lo bautizaron como centro de acopio "Unidos por Puerto Rico". Esto creó una confusión interminable con relación a lo que era el centro de acopio y lo que hacía la entidad privada sin fines de lucro. En otras palabras, se creó una crisis de comunicaciones y al sol de hoy pienso que será un asunto insuperable.

No hubo manera de resolver la crisis de comunicaciones que se desató entre los medios de comunicación, las redes sociales, el trabajo de la entidad privada, el lío del gobierno de turno y la gente. El esfuerzo de comunicaciones de nuestra parte era imparable, ya el daño estaba hecho. Decir Unidos por Puerto Rico era un mal decir. Hubo medios de comunicación que publicaron una portada donde alegaban que la entidad privada estaba siendo investigada por el FBI, cuando lo que resultaba bajo cuestionamiento público eran los primeros vagones que manejó el centro de acopio, administrado por el gobierno de turno, y que no tenían nada que ver con la labor que asumió la entidad privada bajo el memorando de entendimiento a partir de finales de noviembre de 2017. Actualmente, este memorando de entendimiento es material público y fue analizado por miembros de la prensa. La realidad fue que, durante el periodo previo a noviembre de 2017, la administración, logística, recibo y distribución de los suministros que llegaban en los vagones era responsabilidad absoluta del gobierno de Puerto Rico representado por la oficina de la primera dama. Les adelanto lectores que son privilegiados en leer esto de parte de la persona que dirigió la entidad privada y que ha tenido que asumir con entereza las consecuencias de quedarse como guerrera sola ante los medios de comunicación explicando este desafío.

Una vez más tuve que pivotar y girar con agilidad, presentando la historia en cada medio de comunicación y ofreciendo todas las explicaciones necesarias. De esta experiencia, terminé desgastada y decepcionada con algunos periodistas que ni siquiera me dieron la oportunidad de contarles la historia. La verdad es frágil cuando se juega con ella.

Pivotando con la empresa privada

La emergencia era arrolladora para todos los sectores. La empresa privada era parte de las poblaciones afectadas, así que asumió un rol importante al activarse. Se movilizaron con agilidad para entender las necesidades de sus empleados y proveedores. Los temas que cotidianamente atendían a través de sus compromisos con la responsabilidad social se enfocaron en la primera etapa del rescate: la fase de alivio. Lograron movilizar el trabajo voluntario para apoyar y cubrir las necesidades del momento. Participaron activamente en centros de acopio con sus recursos, facilitaron productos de primera necesidad y activaron donativos de emergencia con el fin de superar la etapa crítica y que abrieran los comercios. Reflexionando posteriormente a la emergencia, si bien es cierto que se pueda adjudicar un interés de su parte por volver a vender sus productos y servicios, la realidad es que había que mover la economía y reanudar la actividad laboral.

Diez lecciones aprendidas para pivotar en medio de la crisis

Para ser un pivote tienes que emerger agenciando el cambio. Los giros rápidos se dan:

1. Diciendo siempre la verdad

2. Aprendiendo a confiar en uno mismo y en la integridad del trabajo que haces

3. Contestando con firmeza basada en una comunicación estratégica efectiva

4. Escuchando a todas las partes e intentando mantener el diálogo

5. Creyendo en tu equipo de trabajo y sabiendo seleccionar personas responsables

6. Manejando con ética y entereza las redes sociales

7. Comunicando a las juntas de directores lo que acontece

8. Siendo proactivo en la recopilación de datos e información

9. Siendo audaz en el manejo apropiado de las relaciones entre el gobierno, el sector privado, las entidades sin fines de lucro, las comunicaciones y las poblaciones servidas

10. Demostrando una rendición de cuentas y un sistema de monitoreo intachable

Pivotes: jugadores clave del ecosistema filantrópico

He sido directora ejecutiva de tres organizaciones sin fines de lucro y oficial ejecutiva gerencial y académica en dos entidades de educación superior. Gracias a mi experiencia gerencial y de campo, puedo identificar los elementos necesarios para activar una filantropía robusta. Estos son: identificar líderes comprometidos con la meta determinada e implementar iniciativas estratégicas para la creación de un andamiaje de manejo estratégico de fondos externos. En fin, la formación de pivotes.

¿Qué necesita el devenir filantrópico?

Las actividades caritativas y de beneficencia son indudablemente importantes. En el caso de Puerto Rico[1], por cada dólar que el gobierno transfiere a una organización sin fines de lucro

---

1   Estudios Técnicos Inc. "Estudio de las organizaciones sin fines de lucro en Puerto Rico". 2015.

que brinda servicios de salud, tendría que invertir $7. Para proveer el mismo servicio en el caso de educación, tendría que invertir $20. También es importante reconocer que las organizaciones sin fines de lucro generan 150,410 empleos, equivalente a un 16% del empleo total y producen un 6.6% representativo del Producto Nacional Bruto (PNB) en la nómina y otros gastos.

La filantropía ha sido estudiada y practicada por las civilizaciones ancestrales en el Medio Oriente, Grecia y Roma. Es materia de estudio integrada en la educación superior y las escuelas profesionales. Estos estudios han generado investigación y análisis contribuyendo así a formular nuevas discusiones sobre la democracia, el cambio social y la innovación.

Históricamente, las escuelas tradicionales filantrópicas se ubican en dos grandes áreas de acción: origen basado en creencias religiosas y origen basado en una acción altruista para beneficiar, sin necesariamente tener consideraciones religiosas. En esta última se incluye el apoyo a las artes, el aprendizaje y la creación de instalaciones para el disfrute del público en general. Ambos orígenes no son excluyentes, pero sí han tomado distintos caminos en la historia. Tanto en Europa como en Estados Unidos se ha discutido el impacto de la financiación filantrópica, y es materia de debate actual la necesidad de ampliar la perspectiva en cuanto al rol de la gesta filantrópica en el desarrollo y apoyo a organizaciones que evidencien solución de problemas.

La Comisión Europea incluye la filantropía como instrumento de financiación bajo el programa Horizonte 2020 y manifiesta que el rol filantrópico no solo se limita a financiar, sino también que los filántropos han de involucrarse en la gestión de los proyectos y aportar con sus conocimientos, habilidades y contactos a las causas nobles.

El experimentado profesor Theo N. M. Schuyt de la prestigiosa universidad Vrije Universiteit en Ámsterdam y creador de "Giving in the Netherlands", estudio adscrito al Center for Philanthropic Studies, ha logrado que este tema sea uno de gran importancia para las discusiones entre países de la región. El trabajo de Schuyt junto a otros colegas dio a conocer la contribución de los proyectos producidos por las fundaciones en Holanda en favor del bienestar social, el fortalecimiento de la economía y un mejor posicionamiento en el mercado de las acciones.

Recientemente en Europa se ha favorecido el desarrollo de instrumentos financieros de capital de riesgo e inversión de capital con la idea de promover una inversión filantrópica más robusta y efectiva que produzca retorno de inversión social y retorno de inversión económica. Tanto en Europa como en Estados Unidos, no solo basta con dar dinero, ahora es más relevante gestionarlo de forma correcta y estratégicamente.

Por su parte, en Estados Unidos la filantropía ha evolucionado desde hace mucho tiempo. En 1889, "The Gospel of Wealth", el artículo del multimillonario irlandés Andrew Carnegie, marcó la temática filantrópica y el debate entre proporcionar ayuda que atienda alivios inmediatos al sufrimiento de las personas o mejorar las oportunidades. Además, las discusiones sobre el *Elizabethan Statute of Charitable Uses*[2,3] en el Parlamento Británico, influenció legislaciones y varias determinaciones en cortes estadounidenses durante el siglo XIX.

---

2   Fishman, James J. *The Political Use of Private Benevolence: The Statute of Charitable Uses*. Elisabeth Haub School of Law at Pace University. 23 de abril de 2008.

3   El objetivo principal del estatuto de usos caritativos era proporcionar un mecanismo para hacer que los fideicomisarios fueran responsables de la administración apropiada de los bienes caritativos. Esto a su vez alentaría a los ricos a aumentar sus donaciones para la beneficencia. Posteriormente, se crearon parámetros para la definición de caridad, que resuenan en legislación vigente.

En América Latina la filantropía ha sido objeto de estudio en varias investigaciones enmarcadas en la caridad como punto de partida. No obstante, los investigadores Leilah Landim y Andrés Thompson[4] recalcan que la práctica de la caridad no se origina propiamente en América Latina sino que es incorporada a la región por la colonización española y portuguesa. La evolución de la filantropía latinoamericana recorrió las etapas de caridad, beneficencia y asistencialismo. Aunque siguen existiendo muestras de estas etapas, en la actualidad ha florecido una filantropía estratégica impulsada por el reconocimiento de la inversión social como nueva práctica de acción filantrópica.

Características de las organizaciones sin fines de lucro

El trabajo de las organizaciones sin fines de lucro se puede describir en seis categorías de acuerdo a las siguientes características[5]:

---

4   Landim, Leilah y Thompson, Andrés. "Non-governmental organisations and philanthropy in Latin America: an overview". Voluntas: International Journal of Voluntary and Nonprofit Organizations, Volumen 8, Núm. 4, págs. 337-350. 1997.

5   Hammack, David C. "Nonprofit Organizations in American History: Research Opportunities and Sources". American Behavioral Scientist. 1 de julio de 2002.

Características de las OSFL

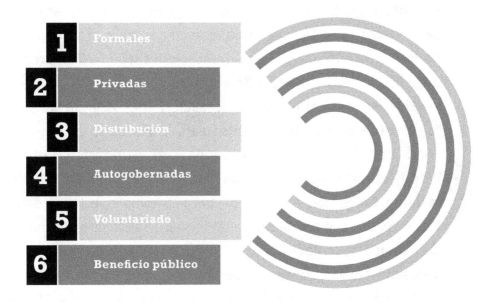

1. **Organizaciones formales**: organizan sus reglas, tienen capacidad de adquirir propiedades y establecer acuerdos
2. **Privadas**: independientes del gobierno
3. **Distribución sin fines de lucro**: pueden acumular ganancias y producir sus servicios
4. **Autogobernadas**: mantienen cumplimiento en las leyes que rigen y añaden su propia gobernanza interna
5. **De voluntariado**: compuesta por voluntarios
6. **Beneficio público**: su misión está enfocada en el beneficio público

Estas categorías han permitido que las organizaciones sin fines de lucro se estructuren como fundaciones o entidades sin fines de lucro. Cada una de ellas, jurídicamente, también se encauza en clasificaciones específicas bajo el Código de Rentas Internas y otras reglamentaciones que fueron creándose a la luz del mencionado estatuto.

En Estados Unidos, la creación de organizaciones tales como el Instituto Smithsonian, la Fundación Carnegie, Fundación Rockefeller, Fundación Ford, Fundación Robert Wood Johnson, Fundación MacArthur y la Fundación Bill y Melinda Gates son algunos de los ejemplos que han hecho historia y son fundamentalmente temas de análisis económico, sociológico, tecnológico y político para conformar escuelas de pensamiento y posturas críticas sobre su rol en las sociedades.

La filantropía existe porque las organizaciones sin fines de lucro han definido formas de apoyar y atender necesidades humanas. La limitada, laxa o, muchas veces, inexistente respuesta de los gobiernos ante la diversidad de necesidades sociales, ha provocado la creación de espacios en la sociedad civil para que las entidades sin fines de lucro mitiguen males, resuelvan necesidades inmediatas y amplíen la acción social de organizaciones religiosas, comunitarias o privadas, entre otras, para impactar positivamente a las poblaciones vulnerables y apostar a transformar el entorno. Por lo tanto, las organizaciones sin fines de lucro son entes que intrínsecamente nacen como elemento innovador.

La filantropía en Puerto Rico

En Puerto Rico se encomendó un estudio en 2015 que reveló unas 11,570 organizaciones sin fines de lucro[6] que ofrecen servicios. Sin embargo, a raíz de la pandemia de la COVID-19 en 2020, un grupo de organizaciones sin fines de lucro peticionó la revisión de estos datos. El propósito fundamental de esta actualización de datos, convertido en el "Proyecto de Protección; Comunidad y Organizaciones sin Fines de lucro: El Tercer Sector en el Contexto de la COVID-19"[7], es "establecer una estrategia concertada para presentar una propuesta pública que persiga tres objetivos centrales: articular una respuesta integrada de colaboración con el Gobierno de Puerto Rico dirigida a atender algunas de las áreas más apremiantes de necesidad que están surgiendo en este momento de la emergencia. Segundo, contar con mecanismos de protección del empleo en el sector sin fines de lucro y asegurar que se continúen brindando servicios a una población que ya ha sido altamente impactada por la situación social y económica que viene enfrentando el País. Tercero, proveer recomendaciones y mecanismos que permitan que la ayuda pueda llegar de manera más ágil y directa a la población".

Asimismo, el proyecto provee un análisis de riesgo que, según fuentes consultadas por la firma Estudios Técnicos

6   Las entidades constituidas bajo el marco normativo vigente en Puerto Rico, según el trasfondo explicativo del Proyecto de Protección Comunidad y Organizaciones de Impacto Social y Económico-El Tercer Sector en el Contexto de la COVID-19, son cuatro: Corporaciones sin fines de lucro (Ley Núm. 164-2009), Cooperativas de servicios (Ley Núm. 239-2004), Corporaciones especiales de desarrollo municipal (Ley Núm. 81-1991) y Fideicomisos (Ley Núm. 219-2012).

7   Estudios Técnicos. Proyecto de protección. Comunidad y organizaciones de impacto social y económico: El tercer sector en el contexto del COVID-19. Puerto Rico. 2020

sugiere la existencia de más de 14,000 organizaciones sin fines de lucro con ingresos que podrían superar los $3,500 millones de dólares. Debemos recordar que este incremento nace principalmente como respuesta a las necesidades surgidas luego del paso de los huracanes Irma y María en 2017. Como resultado de este memorando presentado públicamente, el estimado calcula la existencia de una 5,700 entidades que ofrecen servicios directos y que están clasificadas como organizaciones comunitarias de impacto social y económico.

Es importante destacar que entre los desastres de los pasados años, que incluyen la crisis económica desatada en Puerto Rico desde hace más de una década y la situación de la pandemia mundial de la COVID-19, el ejercicio realizado por la firma de consultores sugiere que el subsector (organizaciones comunitarias de impacto social y económico) podría enfrentar una merma en sus ingresos de entre $241 millones a $283 millones, lo que limitaría sustancialmente su capacidad de proveer servicios. El proyecto que nace de este análisis ha pretendido plantearle públicamente al gobierno que canalice una asignación de $334,169,539 y la distribuya entre siete áreas de impacto comunitario para abordar los tres objetivos mencionados anteriormente. Las seis áreas propuestas incluyen impacto a través de la salud física y mental; seguridad alimentaria; seguridad ciudadana; vivienda; protección de empleo y apoyo a personas desplazadas; educación y protección del sector social. El mecanismo para financiar este proyecto está contemplado luego de que el gobierno federal, bajo la encomienda del Congreso de los Estados Unidos, firmara la ley de estímulo económico federal "Coronavirus Aid, Relief & Economic Security Act", conocida como CARES Act, destinando una aprobación inicial de

2.2 trillones de dólares. La ley busca proporcionar un alivio inmediato para los individuos, las organizaciones sin fines de lucro, las empresas y los gobiernos estatales y locales. Se estima que Puerto Rico tiene una asignación de 2,200 millones de dólares para esta encomienda que desembolsó el Departamento del Tesoro Federal, junto a las guías sobre el uso de los fondos[8].

Para propósitos del estudio llevado a cabo por Estudios Técnicos Inc., en 2015 las organizaciones sin fines de lucro se definen como cualquier entidad no gubernamental, legalmente constituida e incorporada bajo las leyes de algún estado como una organización sin fines de lucro o caritativa, que ha sido establecida para un propósito público y que está exenta de contribuciones.

Dicho estudio revela el amplio crecimiento de este sector entre 1990 y 2013. Los principales servicios que ofrecen son: recreación y deportes (45.5%), servicios sociales (45.3%) y educación (44.8%). Asimismo, informa que las principales poblaciones a las que sirven son: jóvenes (63.5%), mujeres (60.3%), hombres (59.0%), niños (54.5%) y comunidad general (52.0%)[9].

Según la muestra de 400 organizaciones entrevistadas para este estudio, un 44% cuenta con una exención contributiva local y federal. La distribución de las fuentes de fondos con los que cuentan incluyen, en orden de mayor a menor: donativos de individuos, actividades de recaudación de fondos, programas autosostenibles, donativos de asignación

---

8   Datos disponibles en www.usa.gov y en www.sba.gov.
9   Los porcentajes no suman a cien porque hay organizaciones que ofrecen más de un servicio y atienden a más de una población, por lo que al contestar las preguntas de la encuesta pueden verse identificados en más de un renglón, al no responder a un servicio exclusivo o a una única población.

legislativa, donativos corporativos, donativos o asignaciones municipales, donativos de familia, fundaciones privadas, donativos o asignaciones de agencias, fundaciones comunitarias, donativos o asignaciones del gobierno federal/cuotas.

Por lo tanto, estas entidades producen un impacto favorable importante para el PNB y la generación de empleos. Sin embargo, sus estructuras organizativas, metodologías de trabajo y presentación de resultados siguen siendo una réplica de los modelos existentes de la cultura tradicional. Muy pocas entidades se han atrevido a diseñar procesos de trabajo diferentes. Es urgente proponer cambios que se adecúen a las destrezas, comportamientos, tecnologías y modos de comunicación de las generaciones jóvenes. Eso incluiría revisar las reglas que actualmente rigen a las organizaciones sin fines de lucro para lograr una gesta filantrópica disruptiva.

El paso de la era industrial a la era del conocimiento nos obliga a incluir elementos importantes de la tecnología y las comunicaciones que ocurren solo si nos mantenemos al día con el entorno en constante cambio.

El concepto innovación ha sido discutido por muchas escuelas de pensamiento, personas y empresas. Para propósito de este libro utilizaremos la definición que desarrolló el reconocido profesor Tony Wagner, en su libro *Creando innovadores: la formación de los jóvenes que cambiarán el mundo.*[10]

Wagner realizó un magnífico trabajo en 2012 porque además de estudiar varias definiciones sobre el concepto de la innovación y citar fuentes muy prestigiosas de estudiosos de la materia, se dio a la tarea de realizar más de 150 entrevistas para apoyar su investigación sobre qué significa innovación.

---

10 Wagner, Tony. *Creando innovadores: la formación de los jóvenes que cambiarán el mundo.* Editorial Kolima. España. 2014.

Wagner entrevistó a altos ejecutivos de empresas privadas y de empresas sin ánimo de lucro. De la investigación, dedujo un denominador común en las respuestas y cito: "Hay esencialmente, dos tipos de innovación tanto en el ámbito del lucro como en el de no lucro: la incremental y la disruptiva. La innovación incremental es la mejora importante de productos, procesos o servicios ya existentes. La innovación disruptiva o transformadora, por otra parte, es la que crea un nuevo producto o servicio que altera los mercados existentes y desplaza a otras tecnologías hasta entonces dominantes".

Entonces, ¿qué es innovación? Mucho se ha estudiado sobre ella, especialmente cuando se conceptualizan o implantan cambios significativos en un producto, un servicio o un mercado con el fin de lograr sus resultados. En el *Manual de Oslo. Guía para la recogida e interpretación de datos sobre innovación*[11] se realizan mediciones y estudios de actividades científicas y tecnológicas y se definen las actividades consideradas innovadoras en cuatro segmentos: productos, procesos, mercadeo y organización.

La innovación es importante para transformar los modelos de organización. En este caso, nos ocupa plantear ideas y acciones prácticas que eduquen al sector de las organizaciones sin fines de lucro, incluyendo fundaciones, para ser más asertivas al momento de provocar y responder a los problemas que ni el mercado ni el sector privado han podido resolver.

Innovar es la acción de crear algo nuevo y para poder lograrlo se necesita analizar qué hacen otras entidades en Europa, Latinoamérica y el Medio Oriente.

---

11 Oficina de Estadística de las Comunidades Europeas (EUROSTAT) y la Organización para la Cooperación y el Desarrollo Económicos (OCDE). *Manual de Oslo. Guía para la recogida e interpretación de datos sobre innovación*. Grupo Tragsa. España. 2006.

Hay que juntarse con gente que tenga la disposición de soñar y ejecutar de manera diferente. Existen institutos en Estados Unidos, Canadá y países europeos como Alemania, Suecia, Holanda y España, entre otros, que están pensando y ejecutando disruptivamente. Por ejemplo, en Barcelona existe el Instituto de Innovación Social de ESADE. Una de las contribuciones más acertadas ha sido la publicación del libro *Innovar para el cambio social. De la idea a la acción*, presentado en 2012 por un grupo de profesionales[12]. El trabajo propone una nueva forma de gestar innovación en las organizaciones sin fines de lucro y afirma que, "la capacidad creativa de generar ideas no es una predisposición genética, sino un esfuerzo activo que se puede aprender".

Partiendo de esta afirmación es que planteamos los componentes necesarios para poner en marcha un proyecto:

Diseño y planificación

Ejecución

Fuentes de fondos

Capital humano

12 Carreras, Ignasi, Rodríguez Blanco, Elena, Sureda, María. *Innovar para el cambio social. De la idea a la acción*. ESADE. Barcelona, España. Junio 2012.

Estos aspectos se han puesto a prueba en organizaciones sin fines de lucro. El comportamiento en estas entidades es de continua supervivencia. Es decir, siguen las reglas tradicionales para evitar perder donativos, alterar la gobernanza de las juntas de directores y mitigar cambios que les planteen nuevos retos al momento de ser auditados.

Diseño y planificación

Las organizaciones sin fines de lucro reciben ingresos de diversas fuentes. La investigación realizada por Deborah A. Carroll y Keely Jones Stater[13] confirma que el efecto positivo de la diversificación de ingresos y cartera de valores genera una mayor estabilidad y longevidad de la organización.

Los fondos se adquieren a través de propuestas presentadas a donantes, *grantmakers*, entidades gubernamentales federales o locales. Las propuestas son instrumentos de presentación de un caso en donde se justifica la necesidad, se plantea una idea para solucionar o desarrollar un programa, se estructuran los pasos a seguir, la integración de un presupuesto dependiendo del público a quien se le presenta, así como una metodología de evaluación.

El proceso correcto es la puesta en marcha de una convocatoria pública de parte de entidades gubernamentales, corporaciones y entidades privadas. La convocatoria debe estar acompañada de guías requeridas, disponibilidad de orientación y apertura para contestar preguntas que le puedan surgir al solicitante.

Cuando una entidad maneja varios proyectos, subvencionados a su vez por diferentes fuentes de fondos, se necesita

---

13 Carroll, Deborah A., Jones Stater, Keely. *Revenue Diversification in Nonprofit Organizations: Does it Lead to Financial Stability?* Journal of Public Administration Research and Theory. 2009.

disciplina y pericia para lograr el cumplimiento en todo momento. La operación diaria se puede robustecer si maneja una base de recopilación y análisis de datos. Para lograr el cumplimiento de documentos *bonafide* de la entidad, reglas administrativas y requerimiento de informes y monitorías, es necesario el dominio y la organización de la información para que la evaluación sistemática sea parte del trabajo. De lo contrario, el tiempo de los recursos quedará secuestrado en procesos repetidos ante las visitas de monitores y auditores de los diferentes proyectos. Esto puede poner en juego la misión de la entidad.

El diseño, planificación y ejecución de un proyecto debe contemplar procesos de organización que respondan a esa diversificación de las fuentes de fondos para:

1. Lograr sus objetivos y resultados
2. Constituir una experiencia de aprendizaje y transformación para la organización
3. Integrar metodologías diferentes en el proceso de creación del proyecto que puedan ser implementadas con eficiencia por los equipos de trabajo
4. Poder desarrollarse a largo plazo
5. Ser considerada dentro de las proyecciones de la entidad como un proyecto con retorno de inversión social

Como afirman los investigadores del Instituto de Innovación Social de ESADE: "Cada organización e institución tiene su propia serie de limitaciones únicas e irracionales, pero, sin embargo, estamos en un momento en que solo sobrevivirán aquellas que, ante los mismos desafíos del entorno, hagan un salto de 'buena' a 'excelente'".

Nuestra propuesta es que se trabaje más el problema, centrado en las personas, y se dedique tiempo de calidad al modelo de diseño dando espacio a la creatividad.

El ejercicio de problematizar centrado en las personas nos obliga a investigar, documentar, recopilar datos —incluyendo *big data*— y analizar.[14.] En el artículo, "An Open-Data Approach to Transform Grantmaking"[15] se explica que se reunieron 25 científicos expertos en datos, codificación y diseño luego de evaluar 1,871 propuestas y 1,700 videos, con la idea de obtener criterios y herramientas de información más robustas para mejorar los criterios y solicitudes de propuestas publicadas por fundaciones y otorgadores de fondos (*grantmakers*). El ejemplo más destacado de utilización de las recomendaciones es la MacArthur Foundation. Esta fundación cambió todas sus competencias de fondos y exige que las propuestas a revisar estén fundamentadas en evidencia científica centrada en las personas.

El ecosistema es necesario para que se produzca un diseño disruptivo. Adoptar nuevas formas de diseñar nos encamina a obtener soluciones eficientes y viables económicamente que redunden en proyectos con futuro a mediano y largo plazo pensado desde las personas; desde quienes tienen la necesidad.

Ejecución

La ejecución es uno de los desafíos más importantes en el sector de las organizaciones sin fines de lucro. Insertar la innovación entre los recursos humanos constituye una tarea clave para ejecutar con éxito un proyecto que pretenda obtener resultados a mediano y largo plazo con rendimiento. No solo hablamos de rendimiento económico, sino también de

---

14 Les recomiendo la serie de artículos sobre *Finding, funding and scaling* publicados en el invierno de 2019 en la revista Stanford Social Innovation Review. (Invierno 2019, Vol. 17, Número 1)

15 Smith, Bradford K. "An Open-Data Approach to Transform Grantmaking". Stanford Social Innovation Review. Invierno 2019.

rendimiento cimentado en la organización para que quede el conocimiento y se pueda compartir entre los recursos humanos que se integren al pasar el tiempo.

Para que la ejecución se manifieste plenamente, se requiere un buen diseño previo de proyecto y una selección de recursos humanos con talentos múltiples. La ejecución requiere un entendimiento profundo de la misión de la organización y del planteamiento del problema con un plan de trabajo orientado a solucionar y transformar estilos de trabajo. Por lo tanto, la ejecución requiere de un plan de trabajo que pueda concretamente poner en marcha lo que se haya plasmado en el plan estratégico. El plan estratégico es una guía de navegación, pero la ejecución es la verdadera brújula.

La ejecución debe estar orientada a procesos innovadores que contemplen estilos de acercamiento a comunidades, personas, corporaciones o entidades con recursos humanos empáticos, para provocar la conversación sostenida y orientados a la documentación de procesos. La observación, la acción de escuchar detenidamente durante la conversación y la habilidad de documentar información efectiva son clave para iniciar una ejecución con éxito.

Nos afianzamos en la idea de que se requiere la creación de un ecosistema de ideas que fomenten la creatividad, por lo que el diseño y la ejecución deben ir de la mano al momento de implementar un proyecto. También se requiere la adopción de un modelo de trabajo ágil que se apoye en ambientes físicos creativos donde las personas puedan estar libres de espacios tradicionales y se optimice la fluidez de las ideas, conversaciones y manejo de divergencias.

Fuentes de fondos

La filantropía promueve la acción de ofrecer recursos económicos para atender necesidades. Hay una gama de diversas fuentes de fondos definidas en el sector de las organizaciones sin fines de lucro. Según *Giving USA*, un informe anual filantrópico que reporta las fuentes de dinero y su uso, hay una clasificación que describe las fuentes de fondos. La publicación, que se logra a través de una colaboración entre *The Giving Institute* y la Indiana *University Lilly Family School of Philanthropy*, establece varias fuentes de fondos para donativos:

- Individuos
- Fundaciones
- Herencias o legados
- Propuestas de gobierno para ayuda social
- Ingresos provenientes de actividades, licencias, propiedades, venta de productos, etc.
- Fondos federales
- Capital de inversión

No hay filantropía sin donantes

Los donantes son el corazón de la filantropía. No se puede ejercer la filantropía si no hay donantes. El trabajo con donantes requiere cinco estrategias fundamentales:

- Profesionalismo
- Destrezas adquiridas en la práctica
- Experiencia
- Entender los principios y métodos (taxonomía) de las donaciones
- Educar y entender a un donante: la diversidad de fuentes de fondos expone al donante a tomar decisiones que comprenden un análisis ante un panorama de necesidades

Las donaciones nacen del deseo de un donante de ayudar a resolver una necesidad inmediata o de ser parte de la transformación de una misión que nace de una visión dentro de una organización.

Las fuentes de fondos son diversas, pero no todas las entidades sin fines de lucro logran identificar donantes, conversar con ellos y lograr su apoyo a través de las ocho fuentes de donativos anteriormente expuestas. Otro aspecto determinante es la capacidad de rendición de cuentas de la entidad desde dos escenarios de acción: rendición de cuentas de lo que hace la organización para dar a conocer su gesta y rendición de cuentas del proyecto donde el donante ha confiado su donativo.

Un excelente libro que ayuda a reflexionar sobre los donantes y la ejecución filantrópica es *Confident Giving*[16] de Kris Putnam-Walkerly, MSW. La autora plantea desde el principio de su obra lo crucial que es discutir con los donantes qué tipo de mentalidad tenemos: pobre o de abundancia.

El diálogo con los donantes es importante desde el momento en que les presentas un proyecto. Si posicionamos la idea para resolver un asunto a corto plazo, automáticamente la respuesta psicológica es un donativo restricto y puntual. No obstante, si posicionamos la visión apoyada por datos y respuesta de impacto a largo plazo, la otorgación del donativo se piensa de manera diferente. Se conceptualiza como una inversión importante. Entonces, ¿cómo formulamos el planteamiento de la idea? La contestación a esta pregunta definirá el trabajo que habrá que hacer con los donantes, así como con los recipientes del donativo.

---

16 Putnam-Walkerly, MSW Kris. *Confident Giving*. Volumen 1. Putnam Consulting Group. 31 de mayo de 2016.

Altruismo delirante es a lo que alude Putnam-Walkerly cuando hay un interés genuino por ayudar sin prestar atención a la ineficacia operativa que agota a las organizaciones que solicitan fondos, ni al capital humano y financiero necesario para lograr los objetivos trazados.

Por consiguiente, hay que trabajar en los dos sectores: los creadores de las propuestas para las entidades y los donantes. Ambos crean la sinergia de la filantropía. Las entidades tienen que posicionar sus proyectos partiendo de la población que van a servir, elevar sus destrezas de ejecución para que sean estas las que comuniquen lo que hacen a un nivel de eficiencia e innovación y así conectar con un donante dispuesto a ser parte de esa transformación. Como dice el grupo de ESADE, la innovación es parte del código genético de las organizaciones sin fines de lucro. Por lo tanto, hay que lograr que los donantes también reciban esta nueva genética para que su donación sea un incentivo que maximice el cambio y la eficiencia en los trabajos de las entidades sin fines de lucro.

Otro aspecto destacable en el tema de las fuentes de fondos es la forma en que están redactados los procesos para manejo y clasificación de una contribución de donantes. El uso del lenguaje no tiene revisiones adaptadas a la realidad del ecosistema. La redacción consta del lenguaje original de principios del siglo XIX, bajo la categoría de caridad *public charitable* dictado por el Código de Rentas Internas.

El lenguaje debe nutrirse con nuevas clasificaciones ante los cambios sobre las necesidades, la población de jóvenes y profesionales con acceso ilimitado a la información, cada día más exigente en conocer y entender, y la urgencia de pensar con originalidad los proyectos que lideran las organizaciones sin fines de lucro. La definición *charitable* solo describe algunas de las misiones ejecutadas de varias entidades sin fines de lucro, pero se queda corta para clasificar a todas aquellas que desean posicionar sus trabajos despenalizando la pobreza de las ideas. Es urgente tener espacio para la innovación social y producir soluciones en torno a ella.

Invitamos a los donantes, a los gerenciales de finanzas, cuyo rol es la aplicación de las leyes de los códigos de rentas, y demás profesionales involucrados, a que nos permitan innovar en una nueva redacción filantrópica que incluya cambios en la política pública de gobernanza y procedimientos para las donaciones.

Capital humano

Los mejores talentos solo se encuentran cuando les enseñamos a diseñar sus fortalezas. Los seres humanos somos complejos y trabajar juntos conlleva mucha tolerancia, inspiración, paciencia y fe.

Una organización que logra tener un capital humano comprometido e íntegro, logra adaptarse a los cambios y trascender a nuevos escenarios. A lo largo de mi colaboración con organizaciones sin fines de lucro, he corroborado que la fórmula más atinada para lograr el éxito ha sido observar los recursos y entender lo que verdaderamente hacen muy bien. Hacer una radiografía de los recursos y trazar un mapa de sus fortalezas, virtudes y debilidades ayuda a establecer coherencia en los equipos. Nada es perfecto, pero es una forma de capitalizar la ejecución, porque las ejecutorias estarán a cargo de los grupos de trabajo.

Los estudios universitarios le ofrecen a un ser humano la oportunidad de aprender y conocer. Sin embargo, las destrezas y aptitudes se adquieren a través de educadores que tengan experiencia en trabajar en diversos escenarios profesionales.

Por lo tanto, es importante que un individuo adquiera otras experiencias fuera de un ámbito tradicional educativo para que pueda ejecutar la toma de decisiones, adaptación a los cambios, enfoque y análisis, creatividad, claridad en la comunicación escrita y verbal, entre otras destrezas.

¿Se puede aprender a innovar?

Sí, es posible aprender a innovar. Merece la pena puntualizar sobre este tema los estudios de Tony Wagner[17]. En mi trayectoria como directora he puesto en marcha la intención de escoger recursos que tengan las siguientes destrezas o el potencial para adquirirlas:

1. Pensamiento crítico y resolución de problemas
2. Colaboración a través de las redes y liderazgo por influencia
3. Agilidad y adaptabilidad
4. Iniciativa y espíritu emprendedor
5. Acceso y análisis de la información
6. Eficacia en la comunicación oral y escrita
7. Curiosidad e imaginación
8. Perseverancia
9. Deseo de experimentar
10. Asunción de riesgos
11. Capacidad de tolerar el fracaso
12. Pensamiento desde el diseño junto con el pensamiento crítico

Proyectar líderes con estas destrezas me plantea estar dispuesta a enseñarlas y modelarlas. Dedicarle tiempo a las personas y recursos me ha funcionado. Les he compartido conocimiento, he modelado procesos y los he posicionado de

17 Wagner, Tony. *La brecha del rendimiento global*. Editorial Kolima. Madrid. 2008

forma tal que se sientan integrados, importantes y seguros para lograr una misión colectiva.

Recuerdo modelar con mi equipo de trabajo sesiones de *coaching* durante la semana para trabajar con directores escolares después de las 3:00 p. m. Procuraba sacar a los directores escolares de sus oficinas y caminar con ellos por áreas al exterior, donde hubiera naturaleza si era posible. Les llevaba café, jugo, agua o un refresco y la sesión se ofrecía partiendo de algo que les hiciera sonreír. A partir de ahí, comenzábamos a trabajar, mientras miembros de mi equipo observaban y nutrían el proceso. Procuré en varias ocasiones incluir en estas sesiones a los equipos cercanos de cada director escolar y así se creaba una sesión colectiva para diseñar, planificar y aprender. Mi equipo interno veía lo que yo hacía con los que recibirían el *coaching* y viceversa.

Otra experiencia interesante ha sido trabajar con juntas de directores de las entidades sin fines de lucro. Hay una necesidad continua de educar sobre los procesos de gobernanza, responsabilidades fiduciarias y composición de miembros de junta. Mi experiencia ha sido que cuanta más diversidad en peritaje, edad y género haya entre ellos, más rica será la discusión y representación social.

A lo largo de mi trayectoria, he identificado cuatro variables que perjudican a largo plazo la planificación y ejecución de la visión de la institución. Por tanto, es necesario:

- Disminuir la continuación de estructuras de gobernanza conservadoras en las juntas de directores
- Dedicar más tiempo a invertir en diseño de estrategias y proyectos entre los grupos de trabajo
- Insistir en el análisis de competitividad
- Vencer el miedo al riesgo

La conjunción de estas variables genera proyectos que no se ejecutan exitosamente o cuyas expectativas no son ejecutables. Dicho de otra manera, la entidad sin fines de lucro entra en problemas cuando desea demostrar lo que ha hecho y se dificulta la rendición de cuentas.

Las organizaciones sin fines de lucro necesitan miembros de junta que modelen inclusión de conocimientos, experiencias, diversidad de bagajes socioeconómicos y promocionen el cambio social.La innovación no se da en el vacío. Lo que probamos a través de productos, procesos, mercadeo y organización se logra cuando se generan cambios en las personas. De esta forma, si logramos que las personas se enfoquen en resolver un problema social, estaremos logrando cambios en fractal. Esa combinación provoca innovación social.

Pivotes: semillero de agentes de cambio

La innovación no se da en el vacío. Lo que probamos a través de productos, procesos, mercadeo y organización se logra cuando se generan cambios en las personas. De esta forma, si logramos que las personas se enfoquen en resolver un problema social, estaremos logrando cambios en fractal. Esa combinación provoca innovación social.

La innovación social se logra cuando hay sinergia entre identificar un problema y gestar nuevas ideas para abordarlo. La sinergia debe lograrse a escala individual y organizacional, entre las redes de trabajo, para provocar cambios legales, culturales o económicos.

El individuo es crucial para que emerja el cambio. Según el libro *The Open Book of Social Innovation*,[18] en la medida en que nos involucramos en la innovación social, incidimos

---

18 Caulier-Grice, Julie, Mulgan, Geoff, Murray, Robin. *The Open Book of Social Innovation*. NESTA. Marzo 2010.

en los cambios en la política pública y ayudamos a crear las condiciones correctas para que aquellos que tengan el poder económico para invertir y apoyar a las organizaciones sociales sean más efectivos en respaldar a los agentes de cambio y emprendedores sociales.

La historia de los agentes de cambio, o *changemakers*, no es nueva. Han existido a través de todas las generaciones. Vamos a contextualizar un ejemplo concreto que provoca el semillero de *changemakers*. Los eventos significativos que pueden cambiar el rumbo de un lugar, de una cultura organizacional o de una región en diferentes partes del mundo se pueden distinguir como eventos políticos, socioeconómicos, guerras religiosas y sucesos naturales climatológicos.

Un suceso catastrófico natural como un terremoto o el impacto de un huracán categoría 4 o 5 produce cambios significativos. Así lo vivimos en el Caribe tras el paso de los huracanes Irma y María en menos de 20 días durante el mes de septiembre de 2017. Nos preparamos para el huracán y organizamos una logística para una semana sin luz eléctrica, agua y algunos problemas en las telecomunicaciones. Pero jamás imaginamos que al mes de haber pasado el desastre natural, estaríamos aún en la penumbra y en el grito de auxilio. Esos cambios drásticos y tan perturbadores sacan a pasear la angustia, la discordia y resquebrajan la salud mental de cualquiera. También tiene como consecuencia la muerte de poblaciones vulnerables. Al día de hoy, hay un conteo cercano a 3,000 fallecidos.

El contexto internacional nos revela que los fenómenos atmosféricos como los huracanes Katrina y Mitch, el terremoto en Haití o el tsunami en Indonesia son precedentes importantes. No hay manera de comparar linealmente el nivel del impacto adverso entre unos y otros, porque cada área geográfica ilustra diferencias culturales, sociopolíticas, económicas y de manejo de la respuesta inmediata e intermedia. Por ejemplo, las ayudas de la Agencia federal para el manejo de emergencias (Federal Emergency Management Administration, FEMA) no aplican fuera de la jurisdicción estadounidense.

Sin embargo, hay algunos denominadores comunes que podemos rescatar de la información pública; entre ellos, los planes nacionales para atender la emergencia, recuperación y transformación. Los mismos son conceptos de trabajos nacionales que se desarrollaron en algunos casos antes de la tragedia y en otros casos, a raíz de la devastación.

Las fotos, videos y noticias acerca de lo que aconteció y aún acontece en Puerto Rico han recorrido el mundo. El estado de shock y trauma al que aludió la escritora Naomi Klein en su visita a Puerto Rico cuatro meses luego del paso del huracán María, ha sido una realidad transversal en todas las crisis del desastre climático y económico, y continuará afianzándose si no respondemos con conocimiento de causa. Como menciona Klein en una entrevista realizada por el Centro de Periodismo Investigativo: "Lo que tenemos ahora mismo es una injusticia climática extrema"[19]. Recordemos, tanto el estado de Luisiana como el territorio de Puerto Rico han sufrido cambios significativos. El embate de los poderosos huracanes Katrina y María puso al descubierto las áreas geográficas más vulnerables a inundaciones, los códigos de construcción caducos, la falta de titularidad de terrenos y propiedades, la pobreza, el olvido de comunidades en las áreas rurales, la falta de protocolos efectivos y coordinación

19 Cintrón Arbasetti, Joel. Naomi Klein en Puerto Rico: *No es shock, es el trauma lo que se ha estado explotando*. Centro de Periodismo Investigativo. Puerto Rico. 26 de enero de 2018.

en emergencias como estas, entre otros muchos.

Una visita al estado de Luisiana me confirmó la premisa de que se activa el semillero de pivotes de forma sistemática ante la realidad de atender un problema tan urgente como el embate de un huracán. Tras el paso del huracán Irma y, en mayor grado, el huracán María en septiembre de 2017, Puerto Rico quedó devastado al punto de que colapsaron simultáneamente los servicios de energía eléctrica, las telecomunicaciones y el servicio de agua potable. El archipiélago fue arropado en su totalidad por la fuerza de un huracán categoría cuatro que nos cambió la vida.

Características de un pivote

Hablar de pivotes es hablar de innovación social. Así las cosas, los *changemakers* son los diseñadores y ejecutores que provocan la innovación social. El huracán nos ha obligado a reunir personas que probablemente no hubieran interactuado de no haber pasado el ciclón por la Isla. Es decir, que las condiciones necesarias para que se produjera el ecosistema de innovación social se materializaron durante la emergencia y ha estado vivo durante las etapas de alivio, recuperación y reconstrucción.

El ecosistema está presente y se traduce a través de la colaboración, la creación de redes de comunicación y apoyo entre pares y organismos, el intercambio de ideas, el enfoque en la solución de problemas y la optimización de soluciones sostenibles.

El rol de los *changemakers* se ha destacado durante las etapas de alivio y recuperación, fomentando la oportunidad de que la gente comience a confiar, perseverar, tomar control de la prevención y preparación ante desastres naturales, y reenfocarse en comenzar.

De entre catorce características que distinguen a los pivotes, he logrado identificar tres que me parece que son las más importantes para el desarrollo de un pivote: *creatividad, perseverancia y consistencia*.

Pivot-ES

- Confiar en uno mismo
- Perseverar
- Prepararse
- Tener conciencia de uno mismo
- Ejecutar
- Innovar
- Activar el pensamiento crítico
- Desarrollar empatía
- Reflexionar
- Manejar las emociones
- Adquirir destrezas en resolución de problemas
- Desarrollar la inteligencia emocional
- Ejercer el liderato
- Tener tus propios valores y modelarlos

Hay pivotes en diversos sectores, entre ellos: ambientales, educativos, económicos, empresariales, alimentarios, científicos, artísticos y de salud. Hay personas en todos estos sectores con unas destrezas innatas o desarrolladas que los convierten en conectores de grupos, de personas. Les permite mediar para sacar lo mejor de cada asunto, son colaboradores y conspiran a favor del bienestar colectivo. He desarrollado una radiografía de cada uno de ellos por un largo periodo de tiempo.

Desde mi rol de líder, supervisora o gestora de proyectos, he observado los trabajos de los pivotes, entendiendo sus líneas de acción y perspectivas. Compruebo que todos podemos ser pivotes si lo deseamos porque se aprende a ser pivote. No nacemos pivotes, es algo aprendido que se destaca cuando deseamos actuar a favor del bien común.

 Para comprobar las premisas que establecí sobre cómo definir a los agentes de cambio, preparé un cuestionario e identifiqué una muestra inicial de un grupo de personas que consideré prospectos de un pivote. Tras recibir las respuestas al cuestionario, realicé varias entrevistas antes y después del huracán. Ahora, el cuestionario no solo arrojaba luz sobre las características del pivote, sino que además sus ejecutorias durante y después del huracán los consolidaba oficialmente como *changemakers*.

Hay diferentes modelos de trabajo para enfrentarse a las emergencias. Un modelo establece ayuda directa a los damnificados a través de una organización sin fines de lucro que tenga el alcance de llegar a miles de personas después de un huracán. A la par, es necesario tener los mecanismos para documentar y monitorear el proceso de entrega y rendición de cuentas necesarias ante los donantes.

Otro modelo de trabajo ejecuta dando la ayuda directa a la entidad sin fines de lucro que lleva a cabo un proyecto de impacto convirtiéndose así en la entidad responsable de lograr el objetivo. La entidad solicita los fondos mediante un proceso de convocatoria ya establecido. Por su parte, las solicitudes son radicadas por organizaciones sin fines de lucro que tienen experiencia probada con intervención en poblaciones vulnerables, cuentan con personal para brindar los servicios y ejecutar el plan de ayuda, y tienen la capacidad de documentar y rendir cuentas.

Este último es el modelo que adoptó JUPPR por una razón importante: confiar en que la ayuda estuviera en manos de organizaciones que conocían las poblaciones, garantizar un proceso de rendición de cuentas y demostrar la transparencia en sus ejecutorias.

Pivotes en acción: el renacer de esfuerzos múltiples

Como les decía, para confirmar las premisas sobre definir a los agentes de cambio, me di a la tarea de crear un cuestionario dirigido a personas que se habían involucrado en la actividad de la emergencia y lo administré a algunas personas que consideraba con características de agentes de cambio. El cuestionario rindió frutos y validó mis tres premisas iniciales relacionadas con la creatividad, la perseverancia y la consistencia que desarrolla un pivote.

Este grupo de personas eran creativos innatos desde sus diversas experiencias profesionales: líderes comunitarios, asistentes y gerentes, ingenieros, arquitectos, maestros, científicos, microbiólogos, empresarios, contables, trabajadores sociales, empleados domésticos, periodistas, estilistas, estudiantes, médicos, abogados, teatreros y músicos.

Eran personas especialistas pero la emergencia los llevó más allá, a trascender, a manejar otros temas y a ejecutar colectivamente. Esto supuso un renacer de esfuerzos múltiples que ha gestado un ecosistema para innovar socialmente con la riqueza de las lecciones poshuracán. También ha provocado un activismo multiplicado ante las situaciones políticas desatadas, concretamente en el verano de 2019, y los ha llevado a asumir un rol proactivo y de participación social sin precedentes.

Comunidades pivotes y esfuerzos que se conectan

En el ámbito específico de los temas de comunidad hay diversos tipos de líderes comunitarios. Algunos concentran sus esfuerzos en su espacio físico inmediato y otros logran tener alcance regional. El huracán borró los muros o desconexiones en los esfuerzos comunitarios y ha comenzado a darse el fenómeno del intercambio regional de ideas y ejecución para lograr un esfuerzo amplio.

Por ejemplo, en la región central montañosa, en el barrio Mameyes de Utuado, se activó la Corporación de Servicios de Salud Primaria y Desarrollo Socioeconómico El Otoao (COSSAO) junto a entidades universitarias, organizaciones privadas y otras organizaciones sin fines de lucro. Esta iniciativa ilustra un ejercicio ejemplar de desarrollo comunitario colectivo. La entidad establecida hace más de siete años ha visto un renacer a partir del nacimiento de una clínica de servicios de salud primarios localizada en un área rural y distante del pueblo de Utuado. El huracán devastó la zona en proporciones inimaginables y la llamada de auxilio provocó que varias entidades se movilizaran ante la emergencia.

Varios líderes de la diáspora, como la ex cirujana general de Estados Unidos, la Dra. Antonia Novello, llegaron a la Isla grande como parte de un viaje humanitario. Con la ayuda de muchos sectores se logró crear una alianza de trabajo para la recuperación que tiene las características necesarias para convertir la gestión en una coalición de trabajo permanente.

La región este de Puerto Rico fue la más afectada por el paso del huracán María. Afortunadamente, los residentes de la zona han reaccionado a su realidad e iniciado un proceso de recuperación con líderes comunitarios emergentes. Se han conectado con otros grupos comunitarios al interior de la isla con la idea de compartir y modelar estrategias exitosas.

Los planes de acción plasmados por los ciudadanos hoy se han convertido en una respuesta preventiva que va tomando forma de plan de emergencia permanente ante la llegada de más desastres naturales como los huracanes. El fenómeno de integración ciudadana ha puesto a trabajar en equipo a la villa pesquera representada por la Asociación de Pescadores, a la iglesia católica Parroquia Nuestra Señora del Carmen y a la entidad sin fines de lucro PECES.

La región oeste de la Isla no se queda atrás porque el activismo que ha asumido la Asociación Mayagüezana de Personas con Impedimentos (AMPI) ha llegado a quedarse para la historia. Esta organización creó un programa adicional dentro de su organización que se ha convertido en el brazo operacional de trabajo sistemático para atender a familias con y sin impedimento que perdieron sus casas de manera total o parcialmente tras el paso de los huracanes. La organización se planteó que la vivienda es un determinante social en la salud de las personas y acogió a la comunidad La Chorra como comunidad emblemática para gestar un proyecto de reconstrucción comunitaria apoyando esfuerzos que ya estaban para ayudarles a lograr otros objetivos. En el barrio La Chorra viven familias diversas, que incluyen personas con discapacidad. AMPI ha asumido el reto de reparar viviendas afectadas por el huracán y brindar al unísono ayuda legal gratuita para que las familias puedan poner al día sus trámites de la propiedad a través de la obtención de titularidad. Este esfuerzo gestado por AMPI nace de la oportunidad que surgió de la emergencia de unir esfuerzos y que ha conllevado que varias entidades aporten su peritaje para lograr un impacto de alivio y recuperación en las personas y familias afectadas.

Hay temas que son de interés común: el acceso a agua limpia, a energía alternativa, a vivienda segura y a servicios de salud, la inclusión de las poblaciones para ofrecer servicios sociales y de salud con equidad, como también asegurar la producción de alimentos para afianzar la seguridad alimentaria de la región.

Otros agentes de cambio que emergen de la interacción con los grupos organizados en las comunidades poshuracán son las fundaciones privadas, que reconocen el poder del entorno comunitario y se han dado a la tarea de trabajar directamente dentro de varias comunidades con un esfuerzo integrador de recursos y personas.

La entidad Foundation for Puerto Rico ha implementado un modelo *"bottom up"*, que fusiona experiencias de equipos de trabajo aprendiendo a introducirse en las comunidades para fortalecer los activos que tenga y gestar con ellos destinos apalancados a la economía del visitante.

La economía del visitante es un concepto mucho más amplio que el turismo, ya que incluye diversas actividades además del consumo directo de bienes y servicios que pagan los visitantes en un destino. Ofrece una visión más amplia e inclusiva de las actividades económicas relacionadas con el turismo. La economía del visitante considera también el consumo indirecto de las cadenas de suministros y los servicios a la industria, tales como la agricultura, comunicaciones y servicios a los negocios.[20]

Esta fundación ha asumido un rol protagónico en facilitar y apoyar a otras entidades sin fines de lucro, como el Centro para Emprendedores, incentivando actividades y acercamientos con pequeños empresarios que el Centro previamente atendía para que, luego del impacto del desastre natural, pudieran ir a los negocios a ofrecer ayudas directas en metálico. Esto ha provocado que el tema del pequeño empresario tenga un posicionamiento dentro de la identificación de poblaciones vulnerables después del impacto de un evento atmosférico. Así las cosas, hoy en día es una realidad la colaboración entre esta fundación, el Centro para Emprendedores, INprende y la organización sin fines de lucro Guayacán.

La Fundación Comunitaria de Puerto Rico ha asumido un rol interesante en facilitar modelos de energía alternativa para colectivos comunitarios, potenciación de los acueductos comunitarios, además de inversión social en proyectos que proveen formas de sustentabilidad comunitaria. Desde antes del huracán, han estado comprometidos a mejorar asuntos de envergadura para las comunidades, pero el huracán hizo que se canalizaran los esfuerzos atemperados a la necesidad y el acceso de servicios básicos basados en opciones de vida diferentes. También, ha sido clave en procurar aglutinar aliados y firmar una declaración de colaboración entre Puerto Rico y las islas que discurren desde el Pacífico hasta el Caribe para hacerle frente a la crisis del cambio climático.

Esto ha logrado que muchas organizaciones sin fines de lucro se unan a la cruzada de alerta y acción. La evidencia está en las fuertes temporadas de lluvia, sequías y en el

_____

20 Tomada la definición del Plan local para la gestión del destino. *Bottom Up Destination Recovery Initiative*. Foundation for Puerto Rico. Marzo 2019.

crecimiento del nivel de mar, entre otras manifestaciones de esta terrible situación global que detalla dicha declaración de colaboración.

Ebullición de iniciativas socioculturales

El emprendimiento creativo tiene su camino trazado en Puerto Rico desde hace tiempo. No obstante, el impacto del huracán provocó la efervescencia de agentes de cambio que integraban el arte, la música, el teatro, la lectura, la escritura y las artes plásticas a ejercicios de resiliencia inmediata en la emergencia para manejar los efectos postraumáticos emocionales. La ausencia de viviendas techadas y de los servicios de agua y energía eléctrica, provocada por el paso del huracán, generó un efecto multiplicador entre jóvenes y adultos para llevar su talento a los refugios, espacios comunitarios, barrios, escuelas y hospitales, auspiciando así actividades lúdicas y artísticas.

Esa red de apoyo entre agentes de cambio, muy diversa y participativa, ha constituido un compromiso social, local y creativo de llevar el arte a su máxima expresión de sanación colectiva. Este fue el caso de la organización sin fines de lucro Salón Literario Libro América de Puerto Rico. Durante la etapa más crítica de la emergencia, la entidad asumió un rol clave en ofrecer talleres y espacios de reunión gratuitos para fomentar la lectura y la escritura creativa con la niñez y juventud. La situación de caos requería una atención dirigida a potenciar la salud mental de las personas afectadas y las actividades que la entidad lideró incidieron positivamente en liberar angustias e incertidumbres entre los más jóvenes. Fue un proceso donde se ayudaba al participante, pero a la vez se sanaba su sufrimiento brindando respuestas positivas y dirigidas a su bienestar.

Por otro lado, también encontramos otros pivotes bajo iniciativas tales como Inversión Cultural y su aplicación móvil Salud Cultural. La promoción de empresas culturales y creativas, así como la importancia y los beneficios de consumir cultura, han afianzado la participación cultural de personas y grupos.

Salud pública con pivotes en primera fila

La salud pública, disciplina que estudia las condiciones de salud poblacional, es uno de los aspectos más importantes al hablar de desastres naturales. En Puerto Rico, el huracán María develó cuán crítica es la salud pública cuando se trata de los servicios y la capacidad de atender una emergencia catastrófica, salud comunitaria, acceso y distribución de medicamentos y equipo médico, acceso a agua limpia y alimentos, entre otros. La activación de agentes de cambio en estos temas ha sido marcada. Este es el caso de organizaciones privadas sin fines de lucro tales como Proyecto Nacer, dedicadas a proveer un programa educativo y de salud para madres y padres menores de edad y a cargo de un bebé, con el fin de encauzarlos a manejarse efectivamente en su vida. Tras el paso del huracán María, redirigieron sus servicios para proveer ayuda y servicios básicos a todos los afectados por el ciclón.

Otros esfuerzos destacables son los liderados por la organización SER de Puerto Rico. La entidad es un centro de rehabilitación que atiende a niños, adultos y personas de mayor edad con discapacidad física. La entidad amplió sus servicios a través del proyecto SER360 para acercarse a poblaciones rurales en áreas geográficas severamente impactas por los huracanes donde existían familias a cargo de uno o varios niños o adultos con discapacidad, para brindarles servicios de orientación, atención médica y terapias en su hogar gracias a una unidad móvil preparada para brindar la atención a la salud.

Otros proyectos que se han dado a conocer emergieron de las universidades como parte de su respuesta para activar pivotes con peritaje en salud pública. Destacamos el caso de las Brigadas Urbanas de la Universidad Central del Caribe y el grupo de las Brigadas Salubristas del Recinto de Ciencias Médicas de la Universidad de Puerto Rico, quienes se han entrelazado con organizaciones especializadas de la entidad como VOCES: Coalición de Vacunación de Puerto Rico, que de forma articulada han integrado la vacunación como pieza clave para la salud pública. Es un protocolo obligado en momentos de desastres naturales y un baluarte para mantener el control de epidemias que afectan a niños y adultos. Otras organizaciones como Taller Salud, Mujeres de Islas y entidades como Igual que Tú, desarrollaron una logística destacable para hacerle frente a la emergencia y posteriormente canalizar la estabilidad y el crecimiento de programas de servicios de primera necesidad como la salud mental y el apoderamiento de las poblaciones de mujeres, LGBTQ, entre otras.

La pieza clave de la salud pública es el manejo responsable del acceso al agua limpia. El Fideicomiso para Ciencia, Tecnología e Investigación de Puerto Rico impulsó el proyecto Agua Limpia, una iniciativa que promueve la distribución de filtros de agua de forma gratuita. El sistema de filtración de agua remueve hasta un 99% de bacterias y otros contaminantes y así minimiza la propagación de leptospirosis, E. coli y criptosporidiosis, entre otros contaminantes y enfermedades que pueden encontrarse en agua contaminada. La educación y el acceso al agua potable es un tema crítico y fundamental, especialmente tras un desastre natural. Esta iniciativa ha generado una movilización de agentes de cambio, personas y expertos en temas de salud pública que interactúan con las comunidades para crear conciencia y promover educación comunitaria preventiva para garantizar un manejo apropiado de este aspecto. Los pivotes han asumido un rol protagónico posicionando el liderazgo y la visión de cambio para el beneficio del bienestar colectivo.

Ciencia para todos: seguridad alimentaria y protección del ambiente

Hay grupos y personas que activan iniciativas muy importantes y desconocen que son agentes de cambio en sus regiones. Este es el caso de los pescadores, quienes fungen un rol muy importante en la producción de alimentos, pero también en temas del manejo del ecosistema marítimo y la cadena alimentaria. La emergencia ha llevado a que se interconecten muchos grupos y trabajen en conjunto. De la mano de algunas organizaciones sin fines de lucro, se han logrado llevar a cabo proyectos concretos para insertar los temas educativos de la conservación del ambiente, sustentabilidad de la pesca responsable y manejo apropiado de los alimentos, así como acciones concretas para reforzar la resiliencia ante el cambio climático.

Este es el caso de la organización Conservación Conciencia que ha logrado integrar los trabajos de muchas villas pesqueras a través de todo Puerto Rico y poner en acción un plan de manejo y desarrollo generado por las recomendaciones de los pescadores para el beneficio de todos. Hoy más que nunca, el tema de la seguridad alimentaria asume un papel protagónico. Uno de los retos más críticos y preocupantes es que dependemos principalmente de la importación de alimentos. A raíz de esto, hemos experimentado una efervescencia de agentes de cambio que lideran iniciativas a favor del cultivo, siembra, distribución y educación agrícola. Entre ellas, cabe mencionar VisitRico, World Central Kitchen, Agro Mujer, Plenitud PR, Incubadora Microempresas de Bieke, entre otros esfuerzos; además de entidades como Bosque Modelo, Estuario de la Bahía de San Juan, El Puente: Enlace Latino de Acción Climática, Fundación Amigos de Yunque, The Ocean Foundation, entre otras muchas, que se han comprometido a ejecutar trabajos a favor de la prevención y protección de la seguridad alimentaria, el ambiente y el desarrollo sostenible.

Estos pivotes han desarrollado una línea de acción donde integran la sensibilización sobre la importancia de la siembra, la sana alimentación, la activación del desarrollo económico local y regional, así como la justicia social. Cabe destacar los trabajos en acción liderados por la organización sin fines de lucro ConPRmetidos, que ha estado presente desde el día uno de la emergencia y se ha ocupado de atender proyectos de reconstrucción encauzados a promocionar la siembra de café y el manejo adecuado de la pesca responsable. Apoya iniciativas que encaucen ayuda, pero también desarrollo económico: como es su granito de arena en Utuado, la construcción de viviendas en áreas críticas y el litoral de la bahía bioluminiscente en Vieques.

Visión en la educación empresarial y emprendimiento con calle

El mundo empresarial es una parte fundamental de la comunidad de agentes de cambio. Estos pivotes gestan aportaciones bien importantes, en especial aquellos que se involucran en la acción civil y social para mejorar los ambientes donde se desarrollan sus negocios y relaciones comerciales. Varias entidades sin fines de lucro han aportado al despunte de negocios exitosos, sustentables y en expansión, como lo son el Centro para Emprendedores, Guayacán, Parallel 18, el Centro para Puerto Rico, entre otros. Cada uno de ellos desarrolla diversos programas que proponen una nueva gesta del desarrollo de los pequeños y medianos negocios.

Hay un denominador común a todos ellos: la visión de que los negocios en vías desarrollo o de trasformación se cimenten en una plataforma de innovación constante y evolución en su crecimiento. Aquí los pivotes tienen la responsabilidad de atender una diversidad de poblaciones empresariales que reciben servicios de educación empresarial y desarrollo de negocios, así como de interactuar con *changemakers* líderes en sus negocios que han asumido el reto de ser agentes de cambio en las áreas de especialización de sus empresas. No obstante, el rol clave de las entidades antes mencionadas ha propiciado el desarrollo de grupos empresariales con características de *changemakers* que han comenzado a irradiar cambios en el liderato empresarial, atemperando los intereses comerciales con una visión de responsabilidad social de beneficio colectivo.

Impulsando la creatividad: cómo lo hacemos

Ser un pivote requiere desarrollar algunas capacidades que se aprenden partiendo de un punto esencial: la creatividad. La reconocida profesora Teresa Amabile, catedrática de la Escuela de Negocios de la Universidad de Harvard, ha investigado durante décadas el tema de la creatividad. En su famoso artículo *"How to Kill Creativity"*[21] nos revela que estas capacidades son: creatividad, pericia, capacidad de pensamiento creativo y motivación. Es interesante discutir cómo podemos impulsar la creatividad y describir seis categorías generales que subraya Amabile en su investigación: reto, libertad, recursos, características de trabajo en grupo, estímulo de un supervisor o de uno mismo y apoyo decidido de la organización.

Crear proyectos pensando en el beneficiado nos obliga a pensar más allá de nuestros gustos, creencias y motivaciones.

21   Amabile, Teresa. *"How to Kill Creativity"*. Harvard Business Review. Septiembre-octubre, 1998.

Es un salto al vacío para validar premisas y repensarlas. En las organizaciones sin fines de lucro es necesario hacer este ejercicio porque robustece nuestra petición de apoyo a través de donativos o inversión financiera. Así se mitiga el riesgo, aunque no se elimina por completo. Evidentemente nada es absoluto.

Tradicionalmente, cuando reclutamos equipos de trabajo pensamos en experiencia, educación y destrezas sociales. No indagamos mucho en las llamadas *soft skills*, o destrezas blandas, que constituyen el conjunto de características que nos hacen destacar como buenos profesionales. Mucho menos hacemos entrevistas que nos arrojen luz sobre la gestión del tiempo, estrés y cambio, motivación, delegación, negociación, presentaciones en público, entre otros.

La realidad es que en la mayoría de los casos, las organizaciones sin fines de lucro no tienen un personal experto en estos temas. Aun cuando cuentan con personal de recursos humanos, que son en la minoría, tampoco tienen este peritaje para diseñar equipos de trabajo que integren los creativos con recursos administrativos o de programas. Muchas veces se concentran en cumplir la reglamentación laboral: en el cumplimiento de las políticas de personal. Es casi inexistente la inversión en el desarrollo personal centrado en autoestima, mediación, inclusión y diversidad.

Es por ello que ante este panorama tradicional y alineado a mi experiencia liderando equipos de trabajo, me di a la tarea de hacer una radiografía de mis recursos. Estudio las fortalezas y debilidades de los pivotes, me inserto en el proceso de enseñar detalles de manejo del trabajo, y modelo escenarios para que mis recursos aprendan y se conviertan en líderes de ese proceso.

Sin embargo, me hacía falta una metodología que me ayudara a gestar mentes creativas. Por años, leí literatura al respecto, conversé con personas experimentadas y aprendí a crear, con pocos recursos financieros, espacios físicos sensibles y amables donde los equipos sintieran serenidad.

Un viaje de formación profesional a la University for Peace en Costa Rica me cambió la perspectiva. Me puso en contacto con vivencias de emprendimiento social de personas en varios países y de esa forma descubrí el *Design Thinking*, conocido como pensamiento basado en diseño.

Design Thinking es un acercamiento de solución de problemas enfocado en las personas. El centro de la acción son las personas y sus necesidades. Se trata de personas reales y no de segmentos demográficos. El *Design Thinking* enfatiza la importancia de una profunda exploración en la vida de las personas y los problemas que deseamos mejorar antes de comenzar a generar soluciones[22].

---

22 Lietdka, Jeanne et al. *Design Thinking for the Greater Good: Innovation in the Social Sector*. Columbia Business School Publishing. 5 de septiembre de 2017.

Breves notas históricas sobre el *Design Thinking*[23]

1919   Propuesta de nuevas dinámicas para resolución de problemas del arquitecto Walter Gropius, gestor de la nueva escuela Bauhaus en Estocolmo.

1930   Se da a conocer la tesis del diseño escandinavo cooperativo en Estados Unidos a raíz de la inmigración de pensadores.

1953   Se gesta la corriente de pensamiento donde la ciencia y el diseño van de la mano a través de la escuela de Ulm en Alemania.

1954   Una exposición titulada "Diseño escandinavo" permite que se dé a conocer a nivel mundial. La influencia pasa de creación de productos a un diseño de servicios y posteriormente al ámbito político, educativo y social.

1956   El psicólogo e ingeniero mecánico John Arnold crea junto a Buckminister Fuller sinergia para dar paso al diseño científico en un programa de verano del Massachussets Institute of Technology (MIT).

1959   El inventor norteamericano Fuller "cientifica" el proceso del diseño, desarrollando métodos sistemáticos para evaluar y resolver los problemas de la humanidad.

1963   El ingeniero industrial Bob McKim junto a Matt Kahn desarrollan el *Joint Program in Design* con el legado del fallecido Arnold en la Universidad de Stanford.

1977   El ingeniero eléctrico David Kelley se matricula en el programa de Stanford y luego de trece años funda IDEO, empresa que pone en acción el trabajo de equipos multidisciplinares.

2004   Kelley funda la *d.school* y revoluciona la forma de enseñar en dicha universidad, dando vida a lo que hoy conocemos como *Design Thinking*.

2008   Tim Brown, CEO de IDEO, publica un artículo para el Harvard Business Review donde define el *Design Thinking*.

2009   Brown publica el libro *Change by Design* e internacionaliza la metodología de resolución de problemas complejos basada en la creatividad, multidisciplinariedad y el trabajo en equipo.

---

23 Saavedra Seoane, Marcos. *La verdadera historia del Design Thinking.* http://designthinking.gal. 1 de febrero de 2017.

Mi experiencia en la University for Peace en Costa Rica me ayudó a descubrir un mundo completamente diferente sobre cómo conceptualizar las ideas que buscan generar impacto social. Descubrí organizaciones internacionales sin fines de lucro que adquirieron esta filosofía de trabajo de impacto social. Entre ellas quiero destacar a Ashoka.

Ashoka es una organización internacional cuya misión es cultivar y desarrollar comunidades de cambio y líderes que entienden que todos podemos ser agentes de cambio. Ashoka colabora en la transformación de instituciones y culturas a través del mundo, apoyando la gestión de cambio para el bien de las sociedades[24].

Definición de innovación social

"La innovación social es una nueva solución a un problema social, que es más efectiva, eficiente, sostenible o justa que las actuales soluciones y que genera valor para toda la sociedad, más que únicamente para individuos concretos... Un buen ecosistema de innovación social puede hacer que innovaciones exitosas dejen de ser anécdotas locales y se implanten a gran escala" [25].

---

24 Para más información, visiten http://www.ashoka.org

25 "Qué es la innovación social" https://spain.ashoka.org/sobreashoka/

Para implementar la innovación social se han utilizado varias metodologías. De entre ellas, recomiendo enfocarnos en el *Design Thinking*. Esta metodología no es el único acercamiento para la solución de problemas. Sin embargo, su sistema está centrado en el desarrollo de la empatía, la creatividad, la integración de diversidad de expertos en temas, el énfasis en tomarse un tiempo dentro del plan de trabajo para estudiar el problema en equipo, descubrir, definir, desarrollar, hacer prototipos y probar.

Todos los diseñadores deben aprender a adquirir la capacidad de inspirar para investigar, idear e implementar.

Descubrí que además de Ashoka, otras organizaciones sin fines de lucro han desarrollado sus proyectos utilizando elementos de este método y han logrado idear servicios eficientes para poblaciones vulnerables, hacer productos prototipo que los han llevado a organizar y ejecutar planes de sustentabilidad y a cultivar la destreza de investigar mejor a su beneficiado, crear un perfil, analizar datos relevantes, observar y escuchar.

Pensamiento de Diseño
de la *d.school* de la Stanford University

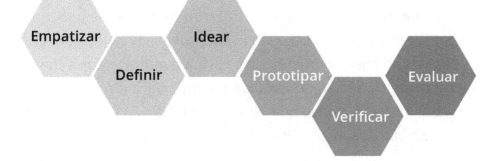

IDEO es la organización sin fines de lucro que acoge ideas preconcebidas del pensamiento basado en diseño y desarrolla una empresa social que se dedica a brindar consultoría a organizaciones para incidir con el modelo en la solución de problemas de forma práctica y colaborativa. Entre su portafolio, tienen organizaciones como Bezos Family Foundation en Estados Unidos, Asili en la República Democrática del Congo y Diva Centres en Zambia, entre muchos otros proyectos.

Otros proyectos se han creado de forma independiente, o con otra red de apoyo de pensamiento basado en diseño son Luma Institute, The Happy, Healthy Non Profit, Fundación Atenea, Fundación EDE, Lantegi Batuak, entre otros.

En mi caso, como líder me ocupa siempre buscar formas de enseñar a otros líderes a desarrollar estrategias de pensamiento que les ayuden a irradiar creatividad, a sacar a pasear su musa. Cuando entro a dirigir equipos de trabajo, echo una mirada de 360 grados a los recursos disponibles e identifico fortalezas y debilidades. A veces todas resaltan en el primer análisis y en otras ocasiones toma más tiempo obtener la radiografía. Entonces me gusta hacer cambios en roles y funciones porque quiero lograr que el recurso se sienta más empático con lo que vamos a hacer. En mi experiencia, la mayor contribución de equipos exitosos ha resultado cuando provienen de contextos profesionales distintos. Es decir, poner a trabajar a una ingeniera con un maestro, a una trabajadora social con un contable. Eso me permite intercambiar saberes y destrezas. La finalidad es que puedan crear un lenguaje común, con una visión compartida. Eso me lleva a confirmar que cuando descubrí IDEO supe que llevaba tiempo utilizando unas estrategias parecidas a las que ellos han probado como empresa. Desde que conocí su trabajo les sigo la pista.

Me planteo lograr que los miembros del equipo piensen en una línea más afín y centrada en el beneficiado. Como líder, mi meta es pensar más asertivamente en el proceso de formación de personas con destrezas profesionales que resuenen con un clima organizativo para la innovación.

El *Design Thinking* te permite lograrlo porque te encamina a pensar en diseñar cómo funciona el servicio que se ofrece al beneficiado. El ejercicio de definir un problema utilizando diseño participativo nos ayuda a guiar el proceso creativo. El método tiene varias herramientas que ayudan a trabajar las etapas.

Crear las condiciones para el proceso creativo me acercó a la innovación. Según explica Wagner[26], hay que integrar diseño basado en pensamiento con pensamiento crítico. Su estudio aporta al concepto de innovación y cuán importante es entender que las capacidades de un innovador se aprenden.

No obstante, hay que aceptar que los escenarios son distintos. Cuando tienes que armar un equipo desde cero estás ante un escenario que te permite escoger personas que puedan aprender esta metodología y adaptarse a un ambiente nuevo. Por otro lado, el proceso es distinto cuando ya tienes un equipo que está condicionado a trabajar con un modelo determinado.

Herramientas necesarias para enseñar esta manera de solucionar problemas

1. Hacer un análisis de las personas que necesitas en el equipo de nuevos diseñadores. Se puede utilizar la herramienta conocida como "Personas"[27], esto te llevará a crear un perfil de equipo.
2. Hacer una lista de candidatos potenciales
3. Identificar en tarjetas digitales su preparación, experiencia y características de personalidad
4. Identificar edad, habilidades y pasatiempos: es muy útil cuando reconocemos habilidades para desarrollar la lista de antemano; por ejemplo, dominio de idiomas, tecnología, analítica, comunicación verbal y escrita, dados al servicio a poblaciones específicas.
5. Crear un ecosistema para enseñar la metodología
6. Preparar un calendario y separar tiempos en la agenda
7. Parear el recurso con un rol específico y desarrollarlo en el mismo
8. Diseñar preguntas y aprender a formularlas

No es usual que un líder organizacional dedique tiempo a hacer este ejercicio. Cuando enfrentas el reto de ser un alto ejecutivo, típicamente tu tiempo está dividido entre asuntos administrativos, recaudación de fondos, relaciones y colaboración con la gobernanza de la junta de directores.

Mi recomendación es dedicar tiempo a la creación de equipos pensando en cómo esta inversión de tiempo luego

---

26 Wagner, op. cit.

27 Esta herramienta permite crear un personaje (arquetipo) ficticio para representar los diferentes tipos de usuarios que pueden utilizar tu servicio, producto, sitio o marca. Saavedra, Enrique. *La herramienta personas.* http://designthinking.gal. 23 de mayo de 2017.

se traduce en ejecución de objetivos con impacto en la innovación del servicio o el producto.

Una lectura interesante que arrojó luz sobre el trabajo con equipos es *Failing by Design,* de la experimentada profesora Rita Gunther McGrath[28]. Ella propone la necesidad de discutir con equipos de trabajo ejemplos de proyectos con defectos y su porqué. Ese ángulo me hizo pensar en que las personas solemos evitar hablar de los fracasos. Precisamente, el ejercicio de hablar de un proyecto que fracasó nos permite aprender a hacer preguntas útiles.

Por ejemplo, en 2009 comencé a conceptualizar un proyecto al que llamaría Zona Vital. Me gustaba la idea de crear un centro sin fines de lucro para la comunidad donde se ofrecieran clases de arte, yoga, taichi, cursos de escritura creativa y a su vez que se vendieran productos de bienestar. Comencé a buscar información de proyectos parecidos a este concepto en Puerto Rico y a hacer un análisis de mercado ya que había identificado un área geográfica con densidad poblacional apta para este ofrecimiento. Ahora bien, ¿por qué la idea se quedó ahí estancada? Pues porque era madre sola con un hijo y tenía que trabajar como asalariada. Las ideas necesitan mucha dedicación de tiempo y, sinceramente, dinero. A esto le podemos llamar el fracaso de una idea. Y sobre ello hay que hablar y debatir por qué se estancó o por qué arrancó, pero luego se estrelló.

Por lo tanto, si voy a escoger un equipo para provocar que sean diseñadores, debo empezar por proponer la formulación de preguntas sobre un tema, que en este caso puede partir de un proyecto fracasado. La metodología de *Design Thinking* provee espacio para repasar un proceso.

---

28 Gunther McGrath, Rita. *Failing by Design*. Harvard Business Review. Abril 2011.

Las fases del proceso

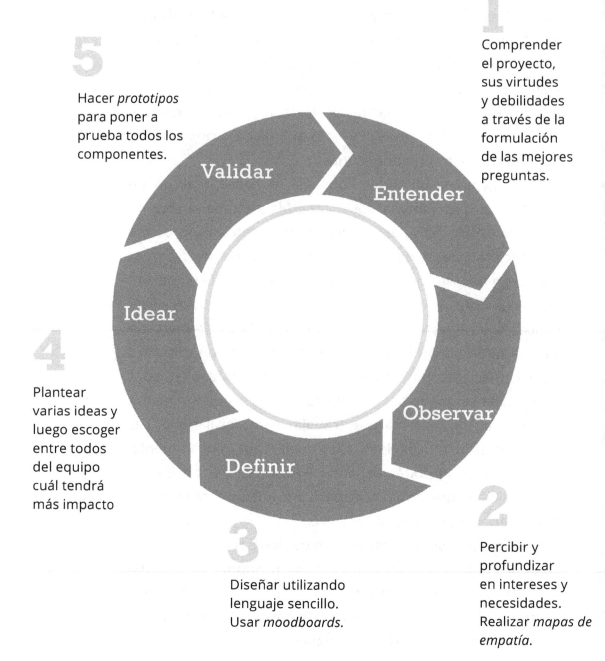

5

Hacer *prototipos* para poner a prueba todos los componentes.

1

Comprender el proyecto, sus virtudes y debilidades a través de la formulación de las mejores preguntas.

Validar

Entender

Idear

Observar

Definir

4

Plantear varias ideas y luego escoger entre todos del equipo cuál tendrá más impacto

3

Diseñar utilizando lenguaje sencillo. Usar *moodboards*.

2

Percibir y profundizar en intereses y necesidades. Realizar *mapas de empatía*.

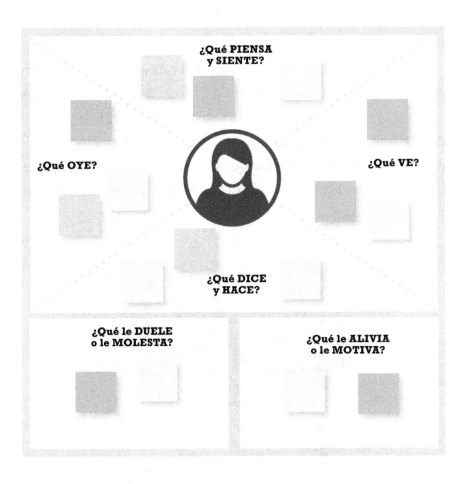

Mapa de empatía

El mapa de empatía es una herramienta muy útil que nos ayuda a conocer mejor a nuestros pivotes participantes, clientes o aliados. La información que reúne es vital para entender sus intereses, puntos de vista y preocupaciones. El mapa de empatía produce contenido informativo que nutre la propuesta de valor de un proyecto, producto o servicio. Es un indicador que establece lo que tu participante, cliente o aliado está dispuesto a realizar, invertir o comprometer. Estos datos nos ayudan a desarrollar destrezas de empatía hacia los demás, a capturar valor y a poner en acción soluciones en torno a lo que piensan, oyen, ven, dicen y hacen bajo un lenguaje compartido.

Moodboards

Un *Moodboard* es, literalmente, un tablero de inspiración. Así de simple pero de complejo a la vez. Se trata de exponer y aterrizar un concepto o una idea de forma gráfica y visual. Es una herramienta que a priori puede parecer algo simple pero que tiene un poder impresionante y que una vez que te acostumbras a emplearla al comienzo del proyecto, te resultará indispensable.

Este circuito nos permite ser sensibles como diseñadores, pero a la vez incisivos como gestores que aceptamos la experimentación.

La aplicabilidad del *Design Thinking* al sector sin fines de lucro radica en despuntar de una mentalidad de cambio social y simultáneamente transicionar para salir de una mentalidad de caridad. Los pivotes asumen este reto y se evidencia en cada una de las manifestaciones que empiezan a surgir en muchas de las entidades sociales que hemos mencionado en este libro.

Disrupción para lograr donantes pivotes

En Estados Unidos existe una industria dedicada a estudiar y analizar los intereses y perfiles de donantes. Varias escuelas profesionales y de educación superior han desarrollado programas acreditados que profesionalizan los trabajos ejercidos en el sector de donaciones. Se exponen informes e instrumentos profesionales sobre el comportamiento de los donantes, sus áreas de interés y los instrumentos financieros que se utilizan para estos fines.

Sin embargo, queda camino por recorrer, comenzando por cambiar y modernizar las regulaciones de los códigos bajo las reglas contributivas que rigen las donaciones y las formas de donar. Poco a poco el lenguaje comienza a modificarse de una tradición de acción de caridad a una acción de inversión social. Esta transición ayuda a establecer una relación diferente con los donantes. Se necesitan crear las condiciones para incentivar mentes receptoras a nuevas ideas y así transformar la filantropía, graduar la percepción del riesgo con otras ópticas y asesorar a los donantes con apertura a confiar bajo nuevos paradigmas de apoyo y relaciones con el sector sin fines de lucro.

Varios asuntos que recomendamos atender

1. ***Educación formal y práctica:*** Integrar cursos híbridos y prácticas sobre emprendimiento social, transparencia, rendición de cuentas, evaluación de procesos programáticos y fiscales, e inversiones aplicables al sector de las organizaciones sin fines de lucro. Hacer esto mediante la educación formal, en las carreras de gerencia de proyectos, finanzas, contabilidad, derecho, informática, mercadeo, relaciones públicas, recursos humanos, salud pública, entre otras. La educación e implementación de prácticas ayuda a provocar una nueva legislación que cambie las políticas de donaciones como, por ejemplo: códigos de rentas internas, impuestos y leyes corporativas.

2. ***Integración de experiencias:*** En las organizaciones, ya sean con o sin fines de lucro, se aprende ejecutando y probando. En este libro nos ocupa el sector sin fines de lucro. Es clave compartir la experiencia escuchando al capital humano que trabaja en las organizaciones y exponiendo al donante a las realidades del día a día de los proyectos. Es fundamental documentar las experiencias y auscultar intereses y curiosidades del donante respecto a cómo desea apoyar al tercer sector.

3. ***Recopilación de datos y análisis:*** Es fundamental compartir información con los donantes basada en datos exactos sobre resultados que emanen de una sana gerencia, cumplimiento y monitoreo de procesos programáticos y fiscales. En el sector con fines de lucro se conoce como inteligencia

de negocio, big data, y no hay nada adverso en aplicar esta sabiduría al sector sin fines de lucro, en especial para garantizar la toma de decisiones informadas entre donantes.

4. ***Creación de perfil de los donantes:*** Crear un perfil de donantes es una herramienta muy útil para entender las características, necesidades e intereses de quienes respaldan las causas. Diseñar el perfil nos permite tener una conversación donde podamos ser estratégicos en la atención a sus necesidades y respondiendo a preguntas importantes. Además, ayuda en la toma de decisiones acertadas sobre la ejecutoria de la misión de las entidades y cómo demostrar que operamos con resultados que generen confianza de parte del donante.

5. ***Rendición de cuentas:*** Los donantes necesitan saber cómo manejamos su donativo. Es clave la agilidad con la que reportamos a tiempo y de forma sistemática. Crear un calendario anual de reportes es crucial para fortalecer la transparencia y la confianza en la relación con los donantes.

6. ***Comunicación, redes sociales y mercadeo:*** El ciberespacio permite una comunicación ágil. No obstante, funciona en sinergia con una buena estrategia comunicativa que genere impacto a través de medios tradicionales y medios digitales. La comunicación con el donante no puede estar sobrecargada de información, pero sí debe estar afianzada en aspectos puntuales de información a través de productos que expliquen lo que hacen las organizaciones en sus proyectos y cuánto impacto generan en relación al logro del objetivo.

Incentivar la receptividad del donante

Siendo los donantes el motor de las organizaciones sin fines de lucro, y su apoyo indiscutible, es nuestra responsabilidad educar sobre los modelos de trabajo de las organizaciones sin fines de lucro.

Una organización puede definir su estructura de trabajo como una entidad que otorga fondos (*grantmaker*). También, puede ejercer como una entidad que recibe fondos (*grantee*). Hay casos donde se han establecido modelos combinados.

Según Ernesto Villarini Baquero[29], experimentado profesor en organizaciones sin fines de lucro, una organización 501(c)(3) es una corporación, fideicomiso, asociación no incorporada u otro tipo de organización exenta de impuesto federal sobre ingresos bajo la sección 501(c)(3) del Título 26 del Código de Estados Unidos.

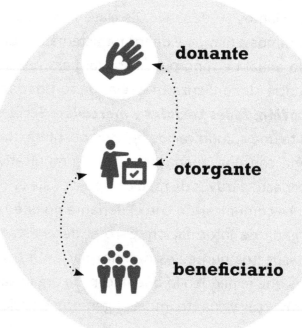

29 Villarini, Ernesto. *Financial Determinants of Sustainable Growth in Nonprofit Organizations*. Universidad Interamericana de Puerto Rico. San Juan, Puerto Rico. 2020.

La sección 501(c)(3) es una de 29 secciones que reconoce diversos tipos de organizaciones sin fines de lucro 501(c) en Estados Unidos. La exención contributiva del artículo 501(c)(3) aplica a entidades que se organizan y operan con fines religiosos, caritativos, científicos y educativos, entre otros.[30]

Consejos para un donante pivote

- Educarse sobre el modelo de trabajo que ejecuta la organización a quien desea donarle y entender cómo se utiliza el fondo que recibe. Hacer preguntas sobre el proceso del proyecto o iniciativa en la que se va a utilizar el fondo.

- Auscultar el nivel de detalle de la rendición de cuentas de la entidad sin fines de lucro. Un informe de impacto no es lo mismo que un boletín de comunicaciones y mercadeo o un informe anual. El informe de impacto es una rendición de cuentas más específica y puede brindar información clara sobre el modelo *grantee* o modelo *grantmaker*. La realidad es que son pocas las organizaciones sin fines de lucro en Puerto Rico que estilan trabajar este tipo de informe. Es un área de oportunidad a la que los agentes de cambio dentro de las entidades debían prestar más

---

30 La exención fiscal 501(c)(3) puede aplicar a organizaciones que ofrecen servicios, como también a fundaciones y fondos creados para ofrecer donativos y otras formas de apoyo a los primeros. La distinción entre las organizaciones que se pueden considerar de servicio directo al público y aquellas que cumplen con el mismo propósito apoyando a las primeras se establece en la sección 509(a) del Título 26 del Código de Estados Unidos.

La sección 509(a) indica que todas las organizaciones exentas son consideradas fundaciones privadas a menos que cualifiquen como institución caritativa o apoyada por el público mediante una de tres exclusiones; 509(a)(1) ser una organización religiosa, educativa, de investigación o de servicio social; 509(a)(2) ser una entidad que recibe apoyo público sustancial; o 509(a)(3) ser una entidad creada para beneficio de los dos tipos anteriores.

atención. La buena noticia es que se puede aprender. En la actualidad, el éxito del informe de impacto radica en la disciplina que logre la entidad en la recopilación y análisis de sus datos. La integración de estadísticas con elementos infográficos y visuales hacen que la rendición de cuentas sea fácil de entender.

- Contar con un equipo de trabajo que se encargue formalmente de los otorgamientos de donativos gracias a la profesionalización del personal dentro de la empresa. Crear un sistema de gerencia (interno o por subcontrato) que se encargue del proceso de otorgamiento del donativo, documente y monitoree el donativo desde los inicios de la entrega.

- Identificar los canales disponibles para realizar donaciones. La era digital ha transformado las formas de donar. Son vinculantes al uso de las plataformas sociales y la acogida de los productos financieros respaldados por la tecnología. Las donaciones pueden realizarse por vías rápidas que abarcan desde campañas de recaudo lideradas por plataformas reconocidas como Facebook, GoFundme y Paypal, donde se estila una promesa de pago (*pledge*) que mensualmente compromete una cantidad de dinero para donar automáticamente. Asimismo, siguen activas las plataformas tradicionales como cheques, transferencias electrónicas, tarjetas de crédito, hasta lo más reciente en Puerto Rico que es el uso de la cuenta de ATH móvil.

Manejar la percepción de riesgo del donante

Donar es una inversión de riesgo porque en todas las decisiones y transacciones monetarias hay riesgos. Existen diferentes tipos de riesgo a los que se enfrenta un donante: desde el riesgo de los temas y áreas de enfoque hacia donde

Ciclo de gestión de donaciones

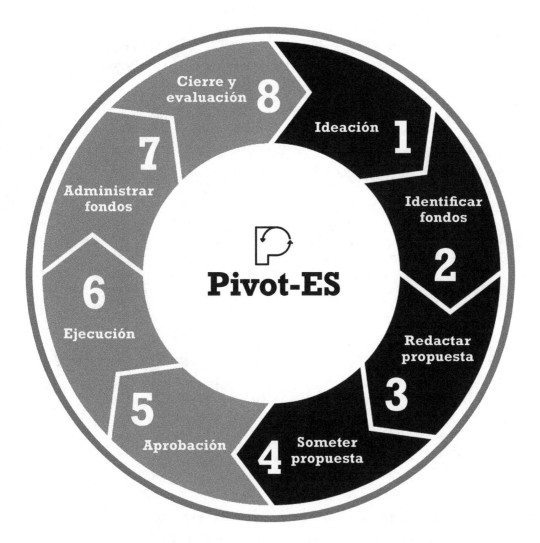

Pivot-ES

1 Ideación
2 Identificar fondos
3 Redactar propuesta
4 Someter propuesta
5 Aprobación
6 Ejecución
7 Administrar fondos
8 Cierre y evaluación

se dirigirá el donativo, hasta la seguridad de cómo enviar el donativo. No obstante, hay mecanismos para atender la percepción de riesgo.

Tres sugerencias para donativos en metálico

1. Conocer las modalidades para enviar una donación. Cada vez más, los procesos electrónicos insertados en plataformas digitales reconocidas ofrecen garantías de seguridad. Un donante *changemaker* se ocupa de conocer y actualizarse con información. Las plataformas tecnológicas vinieron para quedarse y ofrecen analíticas, recibos electrónicos o confirmaciones del recibo de la donación.

2. Entender las necesidades de la entidad a la que se va a donar. Uno de los aspectos vanguardistas entre donantes agentes de cambio es promover que las entidades puedan utilizar una parte o la totalidad del donativo en gastos administrativos que redunden en asegurar rendición de cuentas. Por ejemplo, tener un personal experto en métricas, recopilación y producción de datos sistemáticos y con calidad. Estos recursos son clave para las organizaciones sin fines de lucro. Permiten que se accione efectivamente la subcontratación de redactores de propuestas de obtención de fondos privados o gubernamentales; asimismo, apoyar la adquisición de tecnología y capacitaciones apropiadas para el personal en general de la entidad.

3. Incorporar la acción de donar de su empresa a un modelo filantrópico corporativo. El objetivo es que ejerza un acercamiento de filosofía estratégica, al integrar la orientación de su mercado y de su competencia para alinear la visión de sus donativos en respuesta a un compromiso persistente y medible. El artículo "The Keys to Rethinking Corporate Philanthropy"[31] plantea un análisis profundo y profesional sobre esta temática.

Cuatro características de los donativos en especie

1. El donativo en especie es aquel que, en lugar de aportar dinero en efectivo, aporta bienes o servicios. Por ejemplo, puede que una entidad sin fines de lucro necesite realizar procesos legales para su ordenamiento y un bufete de abogados decida donar su trabajo especializado.

2. El donativo de suministros se estila mayormente cuando hay una necesidad puntual de donar alimentos, equipo

---

31 Bruch, Heike, Walter, Frank. "The Keys to Rethinking Corporate Philanthropy". MIT Sloan Management Review (MIT SMR). Otoño 2005.

médico, muebles u otros artículos o productos de primera necesidad. Es bien importante que se lleve un proceso formal donde se establezca un acuerdo de entendimiento entre las partes que garantice la entrega, el uso y el informe de rendición de cuentas.

3. El donativo de materiales o equipo tecnológico es efectivo cuando se desea apoyar a las entidades con sus necesidades tecnológicas y administrativas para optimizar su rendimiento.

4. Hay otras formas no tradicionales de donar. El donante tiene la alternativa de apadrinar el desarrollo profesional de los líderes de la entidad. Es crucial profesionalizar a los líderes facilitándoles aprendizaje de vanguardia sobre mejores prácticas para liderar entidades. Por ejemplo, participación en escuelas de liderato a través de una beca que respalde el acceso a aceleradoras especializadas en entidades sin fines de lucro, certificaciones profesionales en liderazgo, uso de tecnología, manejo de datos, inglés conversacional. También pueden apadrinar los servicios profesionales de redactores de propuestas competitivas.

Asesoría para educar al donante

La asesoría profesional es crucial para educar al donante. Identificar recursos expertos ayuda a profesionalizar los trabajos y poner en acción el compromiso.

Tres aspectos fundamentales para lograrlo

1. Trabajar con asesores profesionales para tomar decisiones efectivas como donante es una gestión importante que abona a la reinversión del donativo. Requiere identificar un recurso que haya dirigido una entidad sin fines de lucro con éxito en su rendición de cuentas y diseñar

una estrategia de trabajo que le permita a la corporación desarrollar una visión inclusiva, diversa y responsable sobre su otorgación de donativos.

2. Integrar a los empleados en el proceso de planificación y de visión filantrópica asegura un trabajo inclusivo, diverso y equitativo. La reconocida emprendedora Jennifer Brown, experta en la inclusión en los escenarios laborales, confirma[32] que operacionalizar una cultura inclusiva reafirma la lealtad, la productividad y la formación de agentes de cambio líderes en transparencia. Las empresas con esta visión organizacional se ganan la confianza de sus equipos de trabajo.

3. Insertar el tema a la agenda de discusión con las juntas de directores de la empresa. Es vital apoderar a los miembros con información certera y estratégica sobre la inversión social. También se recomienda extender esta educación a los accionistas de la empresa para que todos puedan entender la visión y apoyar los procesos.

Las comunicaciones con donantes

El donante desea saber lo que está ocurriendo con su donación. En ocasiones recibe correos electrónicos con comunicaciones; sin embargo, hay que analizar lo que realmente es más efectivo comunicar. Los *changemakers* están en constante creación y se suele dejar a un lado documentar lo que se hace.

A continuación, seis recomendaciones para apoderar al agente de cambio en su comunicación con donantes:

1. Las organizaciones sin fines de lucro deben separar un presupuesto para actividades de comunicaciones que incluya la asistencia de un recurso interno y de un recurso externo. El

---

32 Brown, Jennifer. *Inclusion, Diversity, The New Workplace & The Will to Change*. Publish Your Purpose Press. 1 de junio de 2017.

interno debe ser una persona con destrezas en planificación de comunicaciones, redacción, mercadeo y redes sociales. El recurso externo requiere de destrezas en estrategia de comunicaciones para establecer relaciones con los medios de comunicación, manejo de comunicación en situaciones de crisis, auditoría de las comunicaciones y asesoría en relaciones públicas.

2. La inversión en comunicaciones es vital para evidenciar lo que hace la entidad a través de su rendición de cuentas y transparencia. El trabajo que se sugiere es sofisticado y conlleva que la organización logre crear una cultura de recopilación de datos. Los datos sumados a la estrategia de comunicación y uso efectivo de las redes sociales producirán piezas de comunicación como: infográficos para post, boletines, presentaciones, campañas de mercadeo, informes anuales, comunicaciones internas y externas, y anuncios.

3. Una tarea fundamental para evidenciar lo que hace una entidad es producir narrativas o *storytelling* a través del podcast. Las estadísticas sobre el podcast destacan que el 100% del contenido está disponible en biblioteca virtual y accesible en digital. Otros datos[33] importantes son que el 39% de la población en Estados Unidos, de entre 25 a 54 años, escucha un podcast al mes. Asimismo, el 80% de los oyentes escuchan todo o la mayor parte de los episodios que descargan en sus móviles o computadoras. Funcionan tanto para comunicar empáticamente una historia de éxito, como para concienciar al donante y la audiencia en general sobre el fin de la causa.

4. La fotografía tiene un rol importante como pieza de complemento para comunicar y compartir impacto a donantes y al

---

33 Para más información, visiten Winn, Ross. "2020 Podcast Stats & Facts (New Research from Jan 2020)". 2020.

público en general. Las fotos también son clave al momento de evidenciar la rendición de cuentas basada en fechas y circunstancias. Deben considerarse fotos para uso interno de los trabajos. No obstante, hay fotos que se requerirán para uso profesional y deben ser capturadas por un experto; en especial aquellas que deseamos utilizar para publicación en redes sociales, videos, informes anuales y otras piezas de comunicación.

5. El video es un recurso audiovisual de mucha relevancia. En la mayoría de los casos, las entidades no tienen presupuesto asignado para ello y muchas veces se limitan. Sin embargo, se recomienda asignar presupuestariamente una cantidad de fondos que permita desarrollar proyectos puntuales anuales. Esto incluye el diseño de videos cortos que le comuniquen al donante y a otras audiencias, mensajes que apelen a la misión y ejecutorias programáticas lideradas por agentes de cambio.

6. Las comunicaciones en español e inglés son medulares para divulgar los mensajes. Las entidades sin fines de lucro deben comunicar en ambos idiomas a través de las piezas de comunicación: boletines, hojas de vida y mensajes en redes sociales, entre otros.

Comunicar con precisión

Es imprescindible la gestión de las comunicaciones durante eventos catastróficos. La tragedia tras el paso del huracán María se anunció al mundo a través de las comunicaciones y redes sociales. Este acto de comunicar provocó la movilización de cientos de personas para organizar ayuda de donaciones de suministros y de dinero.

Los medios de comunicación reseñaron que los daños calculados del embate de los huracanes Irma y María se estiman en más de 87.3 mil millones según los datos del Plan de acción del Gobierno de Puerto Rico para el uso de fondos.[34]

La actividad de ayuda con suministros y la creación de varios fondos destinados a apoyar la etapa de alivio y recuperación en Puerto Rico ha sido vital ante la realidad de la laxitud en la llegada de fondos federales por parte de agencias como FEMA y el Departamento de la Vivienda a través del fondo CDBG. Se han recibido cerca de $337 millones gracias a donantes de diversos lugares que decidieron aportar a la recuperación. La entidad sin fines de lucro Red de Fundaciones (actualmente conocida como Filantropía PR) publicó un estudio a principios de 2019 que explica los diversos fondos que se crearon a propósito de atender las necesidades posteriores al impacto del huracán Irma y María en 2017.

Hay pocos estudios profesionales sobre donantes en Puerto Rico. El estudio "Giving in Puerto Rico" de 2016, comisionado por la prestigiosa Escuela de Filantropía de la Universidad de Indiana, con el apoyo de las fundaciones Flamboyán y Kinesis, indica que tres de cada cuatro hogares reportan haber hecho donativos, siendo el 53% de la población quien dona a organizaciones sin fines de lucro que se concentran en asuntos locales. También el informe revela que los asuntos sociales de mayor interés son: educación, salud y economía. Asimismo, las causas que reciben más donativos son las que apoyan necesidades básicas, religiosas y de salud. No obstante, es inexistente la información sobre el perfil de las donaciones realizadas por corporaciones y fundaciones. Tampoco contamos con un estudio que demuestre el impacto de la ayuda ejecutada por la empresa privada. El sector privado ejerció un rol importante en todo

34 *Plan de acción del Gobierno de Puerto Rico para el uso de fondos.* Community Development Block Grant- Disaster Recovery Program. 2020.

este proceso que merece ser estudiado para definir el impacto económico y exponer las lecciones aprendidas durante esta etapa crítica en Puerto Rico.

Aspectos importantes de las donaciones

- Incluir en los planes de trabajo la creación de un comité interno en la empresa que pueda activarse inmediatamente para delinear trabajo voluntario y tomar decisiones para recomendar a qué entidad destinarán un donativo en metálico.

- Analizar las necesidades y canalizar la ayuda monetaria a través de entidades puntuales que hayan demostrado agilidad en las otorgaciones de donativos. No siempre un intermediario es efectivo. En Puerto Rico hay pocas organizaciones preparadas pra manejar situaciones de ayuda ante desastres naturales y muchas de ellas son sucursales de organizaciones internacionales. Un ejemplo de organizaciones preparadas para esta acción son la Cruz Roja Americana, Salvation Army y World Central Kitchen. Durante la emergencia de los huracanes en Puerto Rico, se creó la entidad privada Juntos y Unidos por Puerto Rico (JUPPR) para atender la emergencia. A pesar de haberse creado a partir de la emergencia, logró distribuir cerca de $42 millones en un tiempo récord de nueve meses, utilizando el modelo de impacto a través de organizaciones sin fines de lucro locales para lograr el objetivo. La entidad recibió donativos mayoritariamente de individuos de la diáspora en Estados Unidos y de otras partes del mundo. Cerró operaciones luego de cumplir su objetivo.

- Llevar un reporte minucioso de las donaciones que posibilite luego comunicar esta gestión a través de informes de impacto y reportes de cumplimiento.

- En el caso de decidir hacer donaciones en especie, se recomienda auscultar qué productos, artículos o suministros son lo que se necesitan de acuerdo a la situación y el nivel de la emergencia. La donación de suministros debe ir acompañada de una gestión de documentación para generar un reporte efectivo sobre lo donado. Este tipo de donación debe efectuarse documentada en un acuerdo de entendimiento que describa el propósito de la donación, el detalle de lo que se está donando y a qué entidad se desea donar. La entidad que reciba la donación debe tener la capacidad de documentar la entrega de los suministros a través de justificación y fotografías o videos de la actividad en acción.

El reto de retener donantes

La retención es clave para establecer relaciones efectivas entre las entidades y los donantes. El más reciente estudio titulado "2018 Fundraising Effectiveness Survey Report"[35] reitera la importancia de tener perfiles actualizados sobre cada donante y separar una partida en el presupuesto organizacional para invertir en reuniones y comunicaciones efectivas con donantes. No se puede saturar al donante de información, pero sí establecer un sistema de comunicación efectivo por vía digital como boletines informativos e invitaciones a actividades para generar que se involucren con la organización.

Las relaciones humanas son un baluarte incalculable para retener donantes. Así lo he confirmado a lo largo de mi experiencia durante veinte años laborando en el sector sin fines de lucro como líder de varias entidades.

---

35 Levis, Bill et al. "2018 Fundraising Effectiveness Survey Report". Growth in Giving Initiative. 12 de abril de 2018.

A continuación, les comparto cinco recomendaciones para mantener el vínculo con los donantes:

1. Plantear desde el principio que el donante desea apoyar estando informado

2. Evitar que la relación sea transaccional y transformarla en una experiencia de creación de agentes de cambio para el donante

3. Invitar al donante a visitar los proyectos y a involucrarse en actividades puntuales donde pueda apreciar el trabajo que se realiza

4. Tener un equipo interno en la entidad dedicado a trabajar las relaciones e incluir consultoría externa para la identificación de posibles donantes

5. Asegurarse de que el equipo de trabajo de la entidad entiende que todos somos responsables de establecer y mantener relaciones con los donantes; puede haber personal destinado a los aspectos tácticos, pero accionar estrategias de retención es asunto de todo el equipo

Datos para seguir pivotando

Según el estudio de las organizaciones sin fines de lucro (OSFL) en Puerto Rico[36] hay cerca de 11,570 organizaciones que ofrecen sus servicios y han servido alrededor de 700,000 personas en áreas principales de deportes, salud, educación, servicios humanos, vivienda, recreación, y arte y cultura, entre otras. Sin embargo, a la fecha del estudio en 2015, solo unas 4,500 respondían a ofrecer servicios directos como organización comunitaria de impacto social y económico. El resumen ejecutivo revela que siete de cada diez organizaciones participan de los procesos de política pública y cuatro

---

36 Estudios Técnicos Inc., op. cit.

de cada diez mantienen relaciones de colaboración o alianza con otras entidades. Además, una de cada cinco, mantiene algún contrato con agencias gubernamentales para la prestación de servicios. No obstante, el panorama ha cambiado, el Proyecto de Protección; Comunidad y Organizaciones de Impacto Social y Económico: El Tercer Sector en el Contexto del COVID-19 reporta y sugiere que para 2020 son más de 14,000 entidades no lucrativas y unas 5,700, un subsector de organizaciones comunitarias de impacto social y económico. Las mismas ofrecen servicios relacionados a la educación, la salud, servicios sociales, desarrollo comunitario, desarrollo económico, vivienda, ambiente, cultura y arte.

El proyecto de 2020 establece que son varios los factores que influyen en la capacidad de las organizaciones para atender las necesidades de los ciudadanos. También indica que las entidades sin fines de lucro tienen mayor flexibilidad para movilizarse que otras estructuras como las agencias gubernamentales, y están más cercanas a las necesidades de las comunidades porque surgen en respuesta a estas.

La importancia de este proyecto subraya establecer una estrategia concertada para enfrentar la pandemia del COVID-19, que se suma al impacto negativo de los pasados huracanes y terremotos para liderar un plan con tres objetivos fundamentales:

1. Respuesta integrada dirigida a áreas de alta prioridad por la emergencia del COVID-19
2. Proteger a este sector económico importante
3. Darle agilidad a la provisión de ayuda e impacto directo

A partir del marco conceptual de este estudio y del proyecto posterior que ha surgido con nuevos datos acerca de las organizaciones sin fines de lucro, podemos deducir que en Puerto Rico las áreas de enfoque que sensibilizan son aquellas que apelan a atender poblaciones vulnerables como lo son la niñez, la población con discapacidad, los jóvenes y los mayores. Sin embargo, luego del impacto del huracán María, los terremotos y réplicas en el área suroeste del país y la pandemia del COVID-19, se hizo evidente que los pequeños comerciantes son también poblaciones vulnerables que llaman la atención de los donantes, en especial, donantes comprometidos con el desarrollo económico de Puerto Rico. Sin embargo, lo expuesto es una suposición, se necesitaría un nuevo estudio enmarcado en donaciones para evidenciar los intereses del donante posterior al impacto de los huracanes.

Más allá del estudio que citamos, no tenemos información por parte de las organizaciones sin fines de lucro que nos ayude a conocer su desempeño, alcance y mejores prácticas. No existe un índice para medir el impacto social y eso dificulta mucho las oportunidades de acceso a fuentes de fondos.

Es urgente obtener datos cuantificables que respondan a una recopilación y manejo de datos apropiados. Las entidades que logran crear bancos de datos útiles tienen la ventaja de estar preparadas para demostrar lo que hacen y solicitar con agilidad ante la disponibilidad de fondos privados existentes fuera de Puerto Rico. También pueden aspirar antes a las oportunidades de fondos federales que se van activando ante las crisis.

Es difícil saber el impacto filantrópico de las organizaciones sin fines de lucro ante la ausencia de datos sobre su esfuerzo en Puerto Rico. Hay una falta de información considerable que hace complejo que donantes potenciales e inversionistas sociales puedan hacer un análisis estratégico.

Las siguientes recomendaciones ayudarían a que el panorama sea más eficaz:

Recomendaciones

1. Diseñar mejores prácticas

2. Peritaje de manejo de datos

3. Pensar fuera de la caja

Primero, crear un índice sobre mejores prácticas para las organizaciones sin fines de lucro. Este diseño y medición deben estar liderados por una entidad privada independiente y probada ante sus pares, respecto a su transparencia y desempeño.

Segundo, es necesario una entidad privada maestra con peritaje en temas de gerencia de datos e inteligencia de negocio que ofrezca educación profesional. Es fundamental transformar la cultura organizacional sobre el manejo de datos.

Tercero, se requiere de organizaciones valientes que quieran pensar fuera del molde tradicional y que establezcan este tema como una prioridad dentro de sus presupuestos.

Que su propuesta de valor incida en invertir en educación profesional y uso de una tecnología adecuada que les permita diferenciarse. Los ofrecimientos en los servicios deben ir de la mano de la medición para evaluar el impacto. Es un buen momento para presentarle a los donantes esta oportunidad de aportación económica.

Las situaciones a las que nos enfrentamos hacen indispensable mostrar con resultados toda actividad. Requiere de equipos de trabajo, juntas de directores y coaliciones que remen en una misma dirección en tiempos donde hay factores externos que están fuera de nuestras manos y dependemos de adaptaciones recurrentes.

En la medida en que las entidades sean capaces de ejecutar a partir del diseño responsable, planificación y monitoreo, se provocará la innovación tan necesaria en el mundo filantrópico. Asimismo, incidirá en que se amplíen los trabajos de crear métricas para medir estas innovaciones. Este cambio de trayectoria provocará que se acerquen nuevos donantes y fundaciones del exterior que están deseosas de trabajar con proyectos disruptivos en Puerto Rico[37].

---

37 Rivera Hernández, Mariely. "Urgen datos cuantificables entre las OSFL". El Nuevo Día. 30 de marzo de 2020.

Posicionando organizaciones pivotes

Todos podemos ser agentes de cambio. Es un proceso que se aprende y que nace de la iniciativa de transformar escenarios caóticos a favor del bienestar colectivo. Hay muchas personas en diferentes partes del mundo proponiendo cambios. Sus historias emergen como respuesta a una injusticia social o a un detonante que afecta a las comunidades o regiones.

Son interminables las valiosas aportaciones de jóvenes a escala global como Malala Yousafzai, Greta Thunberg, Autumn Peltier, Brian Chang, Nataki Kambon, Mohit Mukherjee, Jennifer Brown, entre otros. También otros líderes importantes han dejado sus huellas, por ejemplo: Nelson Mandela, Martin Luther King, Maya Angelou, Rigoberta Menchú, Vandana Shiva y muchos otros seres humanos excepcionales que han aportado con sustancia y tenacidad.

En muchas ocasiones, estos líderes, luego de experimentar situaciones dolorosas, se han movido a gestar cambios a favor de las personas y comunidades. Se han convertido en inspiradores impulsados por su valentía y acciones que se traducen en la nueva visión de un movimiento, iniciativa o misión de una organización sin fines de lucro.

En Puerto Rico la historia no es distinta y hay muchas personas decididas a lograr que se materialicen los cambios. No cabe duda de que el embate de los huracanes Irma y María en 2017 provocó la efervescencia de acciones y proyectos de empoderamiento. Además, el caos sacado a la luz pública durante el verano de 2019 ha marcado un hito en nuestra historia. Actualmente somos una comunidad con muchos retos por superar. Algunos de estos son la crisis energética, la inestabilidad del agua limpia, la inseguridad alimentaria, las ejecuciones de viviendas y terrenos, la ausencia de un proyecto de salud pública, la estigmatizada pobreza y desigualdad social, entre otros asuntos.

A pesar de que el caos siempre existirá, es crucial que aprendamos a revertir males y sembrar otras formas de vivir. Las organizaciones sin fines de lucro han sido ilustres ejemplos de acción y cada vez más cumplen funciones vitales para nuestra sociedad. Sin embargo, su capacidad de sobrevivir está ligada a su capacidad de pivotar.

Seis catalizadores para aprender a ser una organización pivote

El primer paso es darse el permiso de pensar con originalidad. Cada organización tiene una historia y razón de ser. Como explicaba en el primer capítulo, el nacimiento de cada una de las entidades en la mayoría de los casos fue impulsada por la acción caritativa. De ese origen se traducen los propósitos de las transformaciones que se han logrado en individuos y en comunidades.

El respeto al origen debe quedar plasmado en las evidencias de los logros de cada entidad en los momentos de crecimiento y así permitir la evolución a un nuevo nacimiento basado en una forma de hacer las cosas. A continuación ofrezco una recomendación de 6 estrategias catalizadoras para lograrlo.

Catalizadores PIVOT-ES

Apalancamiento

Mapeo

Equipos diversos

Transparencia

Red de apoyo

Innovación

1. Seleccionar equipos de trabajo diversos e inclusivos

Crear un equipo de trabajo es clave. Para un agente de cambio debe ser prioridad aquilatar las fortalezas de cada persona. Una organización que adquiere un capital humano comprometido e íntegro, que logra adaptarse a los cambios, trasciende a nuevos escenarios y aprende a retenerlos, es una entidad con mucha posibilidad de continuidad. Hacer una radiografía de los recursos y trazar un mapa político de sus virtudes ayuda a establecer coherencia en los equipos. La estrategia del mapa político no busca la perfección, es un ejercicio de capitalización a favor de personas que aprendan a ejecutar estratégicamente con una meta colectiva.

Sin embargo, para tener éxito es determinante integrar la diversidad y la inclusión como punto de partida. La diversidad se manifiesta cuando valoramos las diferencias de género, etnia, nacionalidad, cultura, orientación sexual, edad, religión, discapacidad y perspectivas. Por su parte, la inclusión significa fomentar y valorar la contribución e integración de todos los individuos y grupos culturales, aceptar las barreras personales y comunitarias.

Ambas se complementan para llevar a la acción el derecho a ser diferentes. La investigación respalda la necesidad de establecer una cultura organizacional que respete las diferencias ya que se ha demostrado que impacta seriamente el desempeño de una entidad. Es un aspecto que va más allá de los valores en su sentido teórico. Tiene repercusiones en lo práctico de la empresa, con o sin fines de lucro, en torno a su logro y crecimiento económico.

Nadie nace con prejuicios, sino que se adquieren de forma inconsciente o consciente. Es fundamental entender que podemos aprender a no pensar, ni actuar prejuiciadamente.

El comportamiento prejuiciado atrasa a la humanidad y por eso hay que desarmarlo.

Concurro en pensamiento y acción con Jennifer Brown[38] al afirmar que, más allá de las visiones legalistas que han querido dominar los temas de inclusión y diversidad, la esencia para ponerlas en práctica está en las iniciativas del liderazgo. En especial, en la autodisciplina que hay que asumir para actuar a favor del cambio, y mantener el ejercicio constante del cambio ante la resistencia.

Partiendo de una visión diversa e inclusiva, es necesario añadir otras herramientas para lograr concertar equipos de trabajo de ensueño. Los estudios universitarios le ofrecen a un ser humano la oportunidad de aprender y conocer, adquiriendo conocimiento. Sin embargo, la destrezas y competencias se alcanzan a través de la experiencia de trabajo en diversos escenarios profesionales y el contacto con buenos mentores. Es importante que un individuo adquiera otras experiencias fuera de un ámbito tradicional educativo para aprender a tomar decisiones, adaptarse a los cambios y lograr enfoque y capacidad de análisis. También adquirir claridad en la comunicación escrita y verbal, entre otras destrezas.

Debemos recordar que los estudios de Tony Wagner[39] confirman que es necesario escoger recursos que tengan las siguientes destrezas, o al menos el potencial para adquirirlas:

- Pensamiento crítico y resolución de problemas
- Colaboración a través de las redes y liderazgo por influencia
- Agilidad y adaptabilidad
- Iniciativa y espíritu emprendedor
- Acceso y análisis de la información

---

38 Brown, op. cit.
39 Wagner, op. cit.

- Eficacia en la comunicación oral y escrita
- Curiosidad e imaginación
- Perseverancia
- Deseo de experimentar
- Asunción de riesgos
- Capacidad de tolerar el fracaso
- Pensamiento desde el diseño junto con el pensamiento crítico

Visionar líderes con estas destrezas plantea el reto al agente de cambio a enseñarlas y modelarlas, sin tener miedo a que le roben ideas o fórmulas de lograr el objetivo. La dedicación de tiempo y periodos de plática individual y en equipo genera cohesión y dinamismo para el logro de una misión colectiva.

Hay diversas perspectivas sobre el liderazgo y lenguajes sobre destrezas y competencias. En 2014, The Bridgespan Group realizó un sondeo entre líderes a partir de un estudio sobre líderes en el sector sin fines de lucro, fundaciones y empresas sociales. Fue divulgado por la firma McKinsey con relación al liderazgo en gerencia de proyectos. El sondeo reafirmó la importancia de las competencias generales del liderazgo que Wagner delineaba en su investigación en 2008. Tanto el estudio de Wagner, como el sondeo de The Bridgespan Group confirman la importancia de:

- Aptitudes generales de liderazgo
- Conocimiento y experiencia en el campo de trabajo específico
- Habilidades específicas requeridas por el contexto del campo u organización
- Aptitudes específicas al rol/puesto
- Valores y creencias fundamentales

En resumen, existen muchas teorías sobre el liderazgo, no obstante, lo que se desprende de todas como denominador común es que la formación de los líderes debe estar alineada con las soluciones que ofrece la entidad o empresa de acuerdo con las necesidades del consumidor o beneficiado. En nuestra experiencia, añadir a este planteamiento la dedicación y tiempo a cada miembro del equipo a través del modelaje y ambiente de motivación, marca la diferencia en los equipos. Es una estrategia ganadora para lograr un equipo ganador.

2. Diseñar una iniciativa innovadora

- Evaluar el entorno. Crear un sistema de evaluación donde se puedan enumerar todos los proyectos que tiene la entidad y otorgar una puntuación de mayor a menor. Así, el número mayor representará el proyecto que más éxitos ha obtenido basado en métricas y resultados. Después se podrán identificar varios proyectos. Hay que incluir una descripción del proyecto, área de enfoque, población que atiende, cantidad y fuentes de fondos que lo respaldan.

- Observar si los proyectos son distintos a otros proyectos que existen en otras entidades. Es importante analizar lo que hace la competencia, en especial cuando hay varios proyectos que luchan por la obtención de las mismas fuentes de fondos.

- Crear una dinámica donde todos los participantes puedan opinar y aportar a la descripción de aspectos que abonan al valor añadido de la entidad en la que laboran. Esta dinámica necesita de un moderador externo que no trabaje en la entidad para evitar los apegos y que el proceso sea lo más transparente posible.

- Diseñar un cuestionario corto y repartirlo entre los

beneficiados de los proyectos para saber lo que piensan. Este sondeo ayudará a obtener retroalimentación de parte de los beneficiados.

- Reunir al equipo de la entidad y presentar los resultados de la información que revelan las reuniones con el equipo y los datos que demuestra el sondeo.
- Desarrollar la dinámica con la junta de directores y realizar una sesión exploratoria sobre lo que piensan de los proyectos.
- Diseñar una propuesta nueva utilizando como base la información obtenida. En ocasiones, los datos revelan verdades que no queremos escuchar. Sin embargo, si queremos cambios tenemos que descubrir y validar la idea.

3. *Mapear* la idea

Identificar las organizaciones o proyectos que han generado guías con información valiosa sobre organizaciones sin fines de lucro. Analizar la capacidad organizacional de esas entidades evaluando su alcance, cantidad de personas impactadas, presupuesto, alianzas y estrategias de comunicaciones que utiliza.

4. Crear la red de apoyo

Una red de apoyo es importante para establecer relaciones con entidades, compartir experiencias y encauzar proyectos compartidos. La red de apoyo permite la creación de coaliciones y asociaciones de trabajo que se puedan documentar para evidenciar el logro de un objetivo, como puede ser solicitar un fondo de financiamiento que requiere la constitución de varios socios organizacionales. Es importante evaluar a nivel organizacional un espíritu de colaboración y documentar los procesos. La colaboración requiere compromisos genuinos que produzcan líneas de acción concretas superando reuniones que representen pérdida de tiempo.

5. Apalancar la iniciativa a través de política pública o institucional

Evaluar los proyectos, diseñar basado en análisis de datos, utilizar el *mapeo* y crear una red de apoyo produce contenidos para redactar una petición, una propuesta o un proyecto para mejorar una política pública existente. Asimismo, puede producir un manifiesto que provoque una convocatoria regional o intrarregional. El manifiesto es un producto disruptivo que facilita la creación de un pronunciamiento público, un reclamo y demuestra posicionamiento. La acción de posicionarse facilita la posibilidad de influenciar a más grupos y personas.

6. Comunicar con transparencia

Posicionar a las entidades sin fines de lucro es muy importante. Requiere de una demostración de transparencia sobre lo que hacen, cómo lo hacen, por qué y quién es el beneficiado. Los agentes de cambio dentro de las organizaciones sin fines de lucro necesitan comunicar la actividad programática, los logros de sus proyectos y evidenciar el uso de los fondos recibidos. La transparencia es fundamental para demostrar la ética del trabajo realizado y mantener informados a los donantes, *stakeholders* y participantes. En la actualidad, un agente de cambio se puede comunicar efectivamente a través de las redes sociales y las diversas plataformas de comunicación. Es esencial establecer un plan de comunicaciones sistemático que permita divulgar información y facilite el diálogo con los diferentes públicos. Existen canales de comunicación de corte tradicional y canales no tradicionales.

Hay investigaciones y estudios profesionales que revelan el impacto positivo de la inversión en comunicaciones para lograr posicionar a la entidad, garantizar la transparencia y establecer la confianza de los donantes y aliados. La investigación realizada por Kivi Leroux Miller con 118 organizaciones sin fines de lucro[40] confirma el cambio favorable que experimentan en el incremento del recaudo de fondos y el establecimiento de relaciones para formalizar compromisos de apoyo con su entidad una vez que establecen un plan de comunicaciones y de uso de redes sociales. Los agentes de cambio que lideran proyectos en organizaciones sin fines de lucro necesitan maximizar estratégicamente y de forma sistemática su presencia en los canales de comunicación.

Algunos ejercicios recomendados son:
- Observar el método de divulgación que utilizan las organizaciones sin fines de lucro
- Analizar si el tipo de información que comunican es descriptiva, informativa, reactiva a resultados o combinada
- Identificar un recurso dentro de la organización que con la ayuda de un experto en comunicaciones pueda ejecutar un plan de medios
- Profesionalizar la marca tomando decisiones sobre la proyección de la entidad y el rol de los agentes de cambio dentro de este posicionamiento
- Presentar un presupuesto que refleje las expectativas a largo plazo de la partida presupuestaria para comunicaciones y redes sociales; incluir en el presupuesto inversión

---

40 Leroux Miller, Kivi. *Content Marketing for Nonprofit*. Jossey-Bass. 1st edition. 3 de septiembre de 2013.

en fotografía profesional, redacción de textos publicitarios, creación de presencia digital y manejo de las redes sociales
- Crear un equipo interno en la organización que establezca prioridades en la documentación de las métricas, resultados, videoclips, videos y fotografía; se recomienda invertir en educación profesional a través de certificaciones para el desarrollo de los recursos y ofrecerles las herramientas necesarias

La oportunidad está en nuestras manos, no carecemos del conocimiento básico para emprender e impulsar una nueva ruta dentro de una organización sin fines de lucro. En caso de que el interés sea fundar una nueva entidad, estos seis catalizadores son un excelente pie forzado que deben tomarse en consideración. El objetivo debe ser empoderar a los líderes, desalambrando los prejuicios y planteando estilos diferentes de manejo de la autoridad si deseamos ser agentes de cambio.

Apuntes finales

Ser un líder disruptivo no es tarea fácil. Son muchas las ocasiones en que te enfrentas a estilos tradicionales del liderazgo donde el camino para avanzar y pivotar es estrecho. Es por eso que hay que plantearse y reenfocar el concepto de la autoridad. Hay que sincerarse con uno y preguntarse cuál es el fin ulterior. Saber escoger las batallas y trabajar con el inconsciente donde toda la creatividad emana y se materializa. Es formular un estilo de vida que contemple una cultura de salud, entendiéndola como una filosofía de vida donde el bienestar colectivo, las formas de relacionarnos, conduzcan a una mejor calidad de vida y siempre tener presente que solos no logramos las transformaciones.

Las virtudes de un pivote se adquieren observando y escuchando. En el mundo actual se hace difícil la tarea de observar y escuchar porque funcionamos como autómatas y olvidamos detenernos a ver la belleza en las cosas sencillas. Vivimos bombardeados por la competencia desmedida, la información masificada, la intolerancia y la agresividad emocional. A las personas que quieren hacer cosas diferentes los estigmatizan con epítetos como loquitos y visionarios destemplados. Hasta la pasión por el bienestar colectivo incomoda porque saca a las personas del área de confort y las obliga a tomar decisiones en conjunto.

Hay una necesidad de activar la red de neuronas sociales para preguntarnos: ¿cómo me aseguro de ser parte de un plan que aglutine lo mejor para la sociedad?, ¿cómo puedo ser un instrumento de transformación escuchando con atención en vez de exigir de los demás?, ¿cómo puedo pivotar?

Lo que me inspira a creer que podemos activar la red de neuronas sociales son los pivotes que ya existen.

Hay miles de pivotes de todas las generaciones ejecutando de manera diferente y demostrando interés en asuntos que apuestan por darle vida a un bienestar colectivo afincado en las causas justas y la acción. Este libro contribuye a la conversación sobre observaciones y experiencias que promueven una educación diferente y centrada en desarrollar pivotes.

Pivot-ES

Manifiesto del pivote

ChangeMaker Foundation nace en 2018 como una organización sin fines de lucro con el fin de gestar pivotes que ejerzan como agentes de cambio para transformar sus destrezas en planificación y ejecución de proyectos de emprendimiento social. Su visión es crear ecosistemas vibrantes de organizaciones sin fines de lucro a través de pivotes líderes en la innovación y el cambio social. La fundación tiene como misión desarrollar agentes de cambio con destrezas en gerencia de proyectos, tecnología y experiencias culturales regionales para el éxito de sus metas.

El proyecto insignia de la fundación es el podcast Pivot-Es, ganador del Latin Podcast Award 2020. Este podcast propulsa el éxito de los líderes de las organizaciones sin fines de lucro y empresas sociales.

ChangeMaker
Foundation

ChangeMaker Foundation cree en:

1. *Desarrollar* líderes con actitud diversa, inclusiva y equitativa para incidir en espacios de trabajo positivos a favor de las personas, las encomiendas sociales y los negocios

2. *Diseñar* proyectos centrados en la persona priorizando en la solución de problemas que favorezcan el bien común de las personas y sus necesidades

3. *Demandar* una educación tradicional y no tradicional basada en las destrezas necesarias para que emerjan pivotes

4. *Incidir* en crear ecosistemas de organizaciones sin fines de lucro que decidan promover buenas prácticas para formar líderes pivotes

5. *Crear* un currículo profesional con aprendizajes de diferentes partes del mundo que contemple desarrollar las virtudes de un pivote

6. *Impulsar* la innovación social a través de la solución de problemas liderados por pivotes

7. *Promover* las mejores prácticas para actuar con transparencia y ética social dentro de las organizaciones sin fines de lucro y su entorno de aliados

8. *Actuar* como pivotes en la industria filantrópica demostrando la importancia de medir el impacto para traducirlo en inversión social

9. *Rendir* cuentas de todas las encomiendas para pivotar con donantes e inversionistas sociales

10. *Comunicar* responsablemente lo que hacemos, los logros y compartir las lecciones aprendidas con otros líderes pivotes y organizaciones

Bibliografía

Alcaraz, María. "¿Qué es y para qué sirve un Moodboard?".
 1 de agosto de 2017. Baética.

Amabile, Teresa. "How to Kill Creativity". Harvard Business
 Review, septiembre-octubre 1998. https://hbr.
 org/1998/09/how-to-kill-creativity.

Ashoka España. "La Fundación Ashoka". Página accesada
 el 18 de mayo de 2020. https://spain.ashoka.org/
 sobreashoka/.

Bekkers, R, Boonstoppel, E, de Wit, A, Felix, S, y van
 Teunenbroek, C. "Giving in the Netherlands Panel
 Survey". Center for Philantropic Studies, 2017. https://
 doi.org/10.17605/OSF.IO/4UNF9.

Brown, Jennifer. *How to Be an Inclusive Leader: Your Role in
 Creating Cultures of Belonging Where Everyone Can Thrive.*
 1a Ed. California: Berrett-Koehler Publishers, 2019.

Brown, Jennifer. *Inclusion: Diversity, The New Workplace & The Will
 to Change.* Connecticut: Publish Your Purpose Press, 2017.

Bruch, Heike, y Walter, Frank. "The Keys to Rethinking
 Corporate Philanthropy". MIT Sloan Management
 Review, otoño 2005. https://sloanreview.mit.edu/article/
 the-keys-to-rethinking-corporate-philanthropy/

Carroll, Deborah A., y Jones Stater, Keely. "Revenue
 Diversification in Nonprofit Organizations: Does It Lead
 to Financial Stability?". Journal of Public Administration
 Research and Theory 19, núm. 4 (1 de octubre de 2009):
 947–66. https://doi.org/10.1093/jopart/mun025

Cintrón Arbasetti, Joel. "Naomi Klein en Puerto Rico: 'No es
 shock, es el trauma lo que se ha estado explotando'".

Entrevista por Joel Cintrón Arbasetti. Centro de Periodismo Investigativo, 26 de enero de 2018. https://www.metro.pr/pr/noticias/2018/01/26/naomi-klein-puerto-rico-no-shock-trauma-lo-se-ha-estado-explotando.html.

Estudios Técnicos. "Estudio de las organizaciones sin fines de lucro en Puerto Rico". Fundación Banco Popular (blog). 2015. https://www.fundacionbancopopular.org/sin-categoria-es-es/estudio-de-las-organizaciones-sin-animo-de-lucro-en-puerto-rico/.

Estudios Técnicos. *Proyecto de protección. Comunidad y organizaciones de impacto social y económico: El tercer sector en el contexto del COVID-19.* Puerto Rico. 2020

Fishman, James J. "The Political Use of Private Benevolence: The Statute of Charitable Uses". Pace Law Faculty Publications, 23 de abril de 2008. https://digitalcommons.pace.edu/lawfaculty/487.

Foundation for Puerto Rico. "Bottom Up Destination Recovery Initiative: Orocovis Case Study". Foundation for Puerto Rico, junio 2018. https://www.foundationforpuertorico.org/06/2018/orocovis-case-study.

Fundación Flamboyán, Indiana University Lilly Family School of Philanthropy, y Kinesis Foundation. "Giving in Puerto Rico: primer estudio sobre la generosidad en Puerto Rico". Fundación Flamboyán, agosto 2018. https://flamboyanfoundation.org/es/resource/giving-in-puerto-rico-primer-estudio-sobre-la-generosidad-en-puerto-rico/.

Gobierno de Puerto Rico. *Plan de acción del Gobierno de Puerto Rico para el uso de fondos.* Community Development Block Grant- Disaster Recovery Program. 2020.

Gunther-McGrath, Rita. "Failing by Design". Harvard Business Review, abril 2011. https://hbr.org/2011/04/failing-by-design.

Hammack, David C. "Nonprofit Organizations in American History: Research Opportunities and Sources". American Behavioral Scientist, núm 45 (1 de julio de 2002): 1638–74. https://doi.org/10.1177/0002764202045011004.

Landim, Leilah y Thompson, Andrés. "Non-governmental organisations and philanthropy in Latin America: an overview". Voluntas: International Journal of Voluntary and Nonprofit Organizations, Volumen 8, Núm. 4, págs. 337-350. 1997.

Leroux Miller, Kivi. *Content Marketing for Nonprofits: a Communications Map for Engaging Your Community, Becoming a Favorite Cause, and Raising More Money*. 1a Ed. The Jossey-Bass nonprofit guidebook series. San Francisco: Jossey-Bass, 2013.

Levis, Bill, Miller, Ben, y Williams, Cathy. "2018 Fundraising Effectiveness Survey Report". A Project of the Growth in Giving Initiative, 2018. http://afpfep.org/wp-content/uploads/2018/04/2018-Fundraising-Effectiveness-Survey-Report.pdf.

Lietdka, Jeanne et al. *Design Thinking for the Greater Good: Innovation in the Social Sector*. Nueva York: Columbia Business School Publishing, 5 de septiembre de 2017.

Murray, Robin, Caulier-Grice, Julie, y Mulgan, Geoff. *The Open Book of Social Innovation*. London: Young Foundation: National Endowment for Science, Technology and the Arts. 2010. https://www.nesta.org.uk/sites/default/files/the_open_book_of_social_innovation.pdf.

OCDE/Eurostat. *Manual de Oslo: Guía para la recogida e interpretación de datos sobre innovación*. 3ª Ed. Madrid: Tragsa, 2007. https://doi.org/10.1787/9789264065659-es.

Petrovich, Janice. *Philanthropy and Puerto Rico After Hurricane Maria: How a Natural Disaster Put Puerto Rico on the Philanthropic Map and Implications for the Future*. Red de Publicaciones de Puerto Rico, 2018. https://www.issuelab.org/resource/philanthropy-and-puerto-rico-after-hurricane-maria-how-a-natural-disaster-put-puerto-rico-on-the-philanthropic-map-and-implications-for-the-future.html.

Porteros, Cristina Manzano. "Innovación y nuevas tendencias en el ámbito de la filantropía". Información Comercial Española, *ICE: Revista de economía*, núm. 872 (2013): 19–28. https://dialnet.unirioja.es/servlet/articulo?codigo=4609642.

Putnam-Walkerly, Kris. *Confident Giving: Volume 1*. Putnam Consulting Group, 2016.

Rivera Hernández, Mariely. "Urgen datos cuantificables entre las OSFL". El Nuevo Día, 30 de marzo de 2020.

Rodríguez Blanco, Elena, Carreras, Ignasi, Sureda, María, Instituto de Innovación Social de Esade, Escola Superior d'Administració i Direcció d'Empreses, y PricewaterhouseCoopers (Firma). *Innovar para el cambio social de la idea a la acción*. Barcelona: ESADE: Instituto de Innovación Social, 2012. http://itemsweb.esade.es/wi/research/iis/publicacions/2012-InnovarParaCambioSocial-web.pdf.

Rolland, Abby. Giving USA. ADE: Instituto de Innovación Social, 2012. http://itemsweb.esade.es. 2019. https://blog.philanthropy.iupui.edu/tag/giving-usa/.

Saavedra, Enrique. *Cómo hacer un perfil de persona*. Designthinking.gal (blog). 2017. https://designthinking.gal/la-herramienta-personas.

Saavedra-Seoane, Marcos. *Verdadera historia del Design Thinking*. Designthinking.gal (blog). 2017. https://designthinking.gal/la-verdadera-historia-del-design-thinking.

Smith, Bradford K. *An Open-Data Approach to Transform Grantmaking* (SSIR). 2019. https://ssir.org/articles/entry/an_open_data_approach_to_transform_grantmaking.

Stanford Social Innovation Review. *Philanthropy in the Service of Democracy*. Stanford Social Innovation Review 17, núm. 1. Consultado el 26 de marzo de 2020. https://ssir.org/issue/winter_2019.

Ubois, Jeff, Ferola, A, Kijewski, L, Feigelson, M, y Thissen, E. *Finding, Funding, and Scaling*. Stanford Social Innovation Review 17, núm. 1: 24. 2019.

Villarini, Ernesto. *Financial Determinants of Sustainable Growth in Nonprofit Organizations*. Puerto Rico: Universidad Interamericana de Puerto Rico, 2020.

Wagner, Tony. *Creando innovadores: la formación de los jóvenes que cambiarán el mundo*. Madrid: Kolima, 2014.

Wagner, Tony. *La brecha del rendimiento global*. Editorial Kolima. Madrid. 2008

Winn, Ross. 2020 "Podcast Stats & Facts (New Research from Jan 2020)".

CPSIA information can be obtained
at www.ICGtesting.com
Printed in the USA
BVHW080625300621
610772BV00012B/64

9 781735 121925